アーネスト・サトウと倒幕の時代

孫崎 享

現代書館

アーネスト・サトウと倒幕の時代＊目次

はじめに　5
尊王攘夷の声喧《かまびす》しい一八六二年（文久二年）に来日したアーネスト・サトウ。勝海舟、西郷隆盛、伊藤博文と胸襟を開いて話ができる、希有な外交官だった。

第一章　アーネスト・サトウの来日　16
公的には英国第一を貫くが、日本を深く愛し、日本女性兼《かね》との間に三人の子供をもうけ、日本語の達人になっていく。次男の武田久吉は日本山岳会会長も務めている。

第二章　「桜田門外の変」から「生麦事件」へ　37
幕府への不満が高まり、幕府要人や外国人に対する襲撃・焼き討ちが続く時代、内乱にはしない、戦争にはしない、との決意で活動を開始した。

第三章　高まる「攘夷」の動き　98
幕府は開国の決定を翻そうとした。世界情勢を説き英国政府の意見として条約上の責務を励行させるため努力するアーネスト・サトウ。

第四章　薩英戦争後、薩摩は英国と協調路線に　107
攘夷思想の下、薩摩は英国艦隊と交戦、英国も相当の被害をうけるも、薩摩城下は炎上。薩摩は開国に目覚めていく。

第五章　孤立化する長州藩、そして第一次長州征討へ　124
長州も四国艦隊と馬関戦争を開始、敗北。薩摩が公武合体に動く中、長州は孤立、長州征討へ。長州は関係家老の切腹で終止符を打つ。

第六章　薩長連合の形成と幕府崩壊への始まり　163
アーネスト・サトウは「英国策論」を発表、倒幕を主張。第二次長州征討のなか、将軍家茂死亡。続いて、孝明天皇も没し、政局は大きく動く。

第七章　「倒幕」志向の英国と、幕府支援のフランスの対立　200
フランスは幕府に援助を申し出るも、慶喜は拒否。英国は薩長を支援。アーネスト・サトウは内戦回避に尽力する。

第八章　倒幕への道　212
倒幕が現実味をおびるなか、龍馬は暗殺される。アーネスト・サトウは西郷隆盛、伊藤博文、幕府高官ともたびたび会見、助言を与えている。

第九章　江戸城無血開城　256
江戸城無血開城は、西郷・勝会談によって決定された。西郷には英国公使の助言があった。幕末史には想像以上に英国の影響が大きい。

参考文献　275

おわりに　277

「編集部注」

本書記述の中では、文意を損ねない範囲で引用の一部を割愛追記、仮名表記に変更している部分があります。

また〔 〕内は、編集部による要約・補注です。

はじめに

幕末、明治期に、英国公使館で、アーネスト・サトウという外交官が活躍したという話は、どこかで聞かれたかもしれません。

今日、彼を偲んだ石碑などがないかと思って調べてみるとあるのです。

東京の千代田区一番町1にある、英国大使館の正門の近くの緑地に石碑があります。

「1898年、当時の英国公使サー・アーネスト・サトウが、この地に初めて桜を植えました」

今、この近所の千鳥ヶ淵緑道や千鳥ヶ淵公園は東京でも桜の名所ですが、英国大使館前の桜が、これらの桜を植えるのに影響を与えたかもしれません。

アーネスト・サトウが横浜に着いたのは一八六二年九月八日（文久二年八月十五日）です。

アーネスト・サトウを一外交官として見る時、類まれな外交官であったと思います。

世界の歴史で相手国に深く食い込んだ外交官は数々います。しかし、相手国の歴史の動きに、深刻な影響を与えたという点で見ますと、アーネスト・サトウ以上の人はほとんどいません。

徳川幕府が終わり、明治政府が出来るというのは日本史の中でも、一大転換期です。

この時、歴史の流れから言って、様々な可能性がありました。

●幕府と倒幕派に分かれ内戦を続けるという可能性がありました。

●幕府が朝廷と連携して延命を図るという可能性もありました。

●そして歴史が示す様に幕府が倒れ、新政権が出来るという可能性がありました。

この時期英国やフランスの持つ影響力は決して小さいものではありません。英国は、倒幕側の雄、薩摩藩と長州藩を各々、「薩英戦争」（文久三年七月 一八六三年八月）「馬関戦争（四国連合艦隊下関砲撃事件）（元治元年八月 一八六四年九月）」で破っています。

もし、英国が幕府側を支援していたら、倒幕側の圧勝にはならなかったでしょう。事実、一時英国は幕府を支援していたのです。

こうした中で、アーネスト・サトウは「倒幕」に与し、重要な役割を演じています。

アーネスト・サトウは一八六六年三月十六日（慶応二年 一月三十日）から三回、ジャパン・タイムズに寄稿します。これが日本語に訳され、『英国策論』と名付けられます。

この一八六六年というのは、歴史の別れ道です。

一八六四年八月二十日（元治元年 七月十九日）、長州藩は京都の蛤御門等で武力を行使しますが、幕府、会津藩、薩摩藩の兵力に負けます。この時点では薩摩藩と長州藩は敵対関係にあります。そして長州藩征討の勅命が発せられ、薩摩藩の西郷隆盛は長州征討の参謀格です。

しかし、一八六六年の三月七日（慶応二年 一月二十一日）に坂本龍馬の斡旋で薩長連合が成立します。一八〇度変わったのです。ですが、この連合が倒幕の中心になるにはまだ脆弱です。

アーネスト・サトウと坂本龍馬がほぼ同じ時期に倒幕に向け、動いたことを記憶しておいて下さい。

アーネスト・サトウは次の主張をしました。

1．**将軍は主権者ではなく諸侯連合の首席にすぎない。**現行の条約はその将軍とだけ結ばれたものである。したがって現行条約のほとんどの条項は主権者ではない将軍には実行できない。

2．現行条約を廃し、新たに天皇及び連合諸大名と条約を結び、**日本の政権を将軍から諸侯連合に移すべきである。**

日本語で『英国策論』と呼ばれる通り、「英国」の「策論」（政策）と受け止められていました。これが多くの倒幕側の人々に読まれます。

英国は薩英戦争で鹿児島城下を攻撃しました。激しい風のせいもあり、鹿児島城下に火災をもたらすなど、薩摩藩に大被害を与えます。翌年、馬関戦争で、これまた長州側に多大な被害を与えます。英国の軍事力が強固であることは、当時政治に関与していた者は皆知っています。その中、アーネスト・サトウの『英国策論』によって英国は倒幕側についたことを人々は知ったのです。

幕末期におけるアーネスト・サトウの活躍はこれで終わりません。

江戸城の「無血開城」に関わっていそうなのです。無血開城は勝海舟と西郷隆盛との間での合意です。「無血開城」を行う時期、アーネスト・サトウは勝海舟と西郷隆盛の双方にパイプを持っています。不思議なことにアーネスト・サトウはこの時期に関しては沈黙していますが、パークス公使の発言が「無血開城」に貢献しています。

アーネスト・サトウの著書『一外交官の見た明治維新』（以降、本書で引用の時には『一外交官』と記します）には、無血開城の項について、次の記述があります。

アーネスト・サトウ「私の入手した情報の主な出所は、従来徳川海軍の首領株であった勝安房守。私は人目を避けるため、ことさら暗くなってから勝を訪問することにしていた」。

一八六八年四月六日（慶応四年三月十四日）、幕府の勝海舟と官軍大総督府下参謀の西郷隆盛が、江戸城無血開城について基本的に合意します。

この重要な時期、アーネスト・サトウは公使館のある横浜から江戸に出てきています。そして様々な人と会っていますが、その中で最も重要な相手は勝海舟でした。

『一外交官』は次の様に書いています。

「私の入手した情報の主な出所は、従来徳川海軍の首領株であった勝安房守。私は人目を避けるため、ことさら暗くなってから勝を訪問することにしていた」。

一方勝海舟はどの様に対応していたでしょうか。

「英吉利《いぎりす》人（Ｅｒｎｅｓｔ・Ｓａｔｏｕ）来訪。我が心裡を話す。**彼善《よし》と称す**」（『慶應四戊辰日記』）。

外交官は赴任した国の政治家を訪れて現地の情報を聞き出すのが仕事です。一般的には聞き出そうとする方が下手に出ます。「我が心裡を話す」、「彼善と称す」という表現は、アーネスト・サトウが一方的に「教えて下さい」という立場ではなさそうです。勿論それは、勝海舟がアーネスト・サトウを個人として評価したということだけではなくて、英国の代弁者として評価したということです。

勝海舟が如何にアーネスト・サトウを評価していたかは、彼からアーネスト・サトウへの贈り物を見ればわかります。

江戸城が「無血開城」され、勝海舟が江戸から去る時、愛馬「伏見」をアーネスト・サトウに贈っています。

一八六九年二月二十四日（明治二年一月十四日）日本を去るにあたって、勝海舟に別れの挨拶に出かけた時に、勝海舟は自分の脇差をあげています。勝海舟は自らを振り返って、「本当に修業したのは、剣術ばかりだ」（『氷川清話』）とか「島田といふ先生が、剣術の極意を極めるには、まず禅学を始めよと勧めた。―中略―殆んど四ケ年、真面目に修業した。この坐禅と剣術とがおれの土台となつて」（『氷川清話』）と述べていますが、剣に生きた男が自分の脇差をあげるのですから、大変なものです。

アーネスト・サトウが凄いのは、戦いの中で、倒幕側と幕府側の双方に太いパイプを持っていることです。外交史を見ると、一方に食い込むという人物はいます。ですが、戦いの双方と密な関係をもったのは稀有な存在と言えます。西郷隆盛はアーネスト・サトウに次のように述べています。

「ハリー卿（英国公使）が我々に知らせたいことがある場合には、江戸の薩摩屋敷に通知していただきたい。そうすれば、われわれは京都から、**だれでも望みの人を卿に会うために差し向けましょう**」（『一外交官』）。

西郷とアーネスト・サトウの対話は機微な情勢を論ずるようになります。**西郷はこの対話を重視していて、わざわざ、大久保一蔵（利通）に手紙で報告しています。**この手紙の写しを手に入れた経緯も興味深いものです。

「**この手紙の原本は、その後幾年もたってから岩倉具視侍従の書類の中から発見されたもので、私が〔駐シナ公使の任務を終えて〕北京からの帰途東京に立ち寄った〔一九〇六〕年に、私は旧友松方正義からその原本の写しをもらった**のである」。

西郷隆盛、大久保利通、岩倉具視という維新の中核の人物が、アーネスト・サトウの考え方を重視し、手紙で紹介し合っているのです。

では内容はどういうものだったのでしょうか。なお七月二十二日付西郷発大久保宛書簡の原文は『大西郷全集』に収録されています。下記は『一外交官』にあるサトウの英訳を同書の翻訳者坂田精一氏が逐語訳したものです。

「昨朝六時に、私は大坂に到着した。―中略―私は、今日何時にたずねたらよろしいかと、サトウ〔薩道（アーネスト・サトウの日本名）〕のもとへ聞きにやった。サトウの返事は、七時に来てくれ、というのであった。その時刻にたずねると、サトウはまだ目ざめたばかりだった。―中略―私〔西郷〕はフランス人による日本の事態の解決策に関して討議したいと言った。―中略―私はサトウにこう言った。フランス人は次のような事を言っている。日本は西洋各国のように単一な統一された政府をつくって、大名たちの権力を除去するようにしなければならぬ。それにはまず何よりも長州と薩摩の二国を打破して、この二国を征服することに協力すべきであると。私〔西郷〕はサトウに、貴殿はその点いかに考えられるかと尋ねた。すると、サトウはこう答えた。前二回の長州征討からしてもわかることだが、長州一カ国さえも打ち負かすことのできなかった政府が、大名全部の権力を奪うなどということは到底できるものではないと。そこで、このように弱い政府〔幕府〕を、どのようにして〔フランスが〕助けることができると言うのか、と私〔西郷〕は尋ねた。サトウは答えて曰く。それに対しては一語も発することはできぬ。それを論証するのは不可能だ、だが、このような議論が公然と提出されるからには、フランス人が政府〔幕府〕を助けて諸大名を打破しようとしているのは疑いのないところだ。聞くところによると、政府〔幕府〕は二、三年内に金を集め、機械を備え、フランス人の力をかりて戦争に訴え、戦端を開く考えであるという、フランス人はその際援助を与えるため軍隊を派遣するであろうから、これに反対する大強国が援助に乗り出さなければあぶないことになる、しかし、その場合**イギリスも防禦の軍隊を派遣するという報が広まるならば、フランスの補助部隊は移動が不可能になるだろう〔仏の援兵は決て動かし候儀は不相叶候〕。それゆえに、前もって十分な協力態勢をとることが肝要である、イギリスの考えは、まず日本の皇帝〔天皇〕が政権を掌握して、諸大名をその下に置き、政体〔あるいは国体〕を万国の制度と等しいものに制定するにある、──中略──もし、イギリスと相談することがあるなら、自分に知らせて欲しい、援助を頼むなら、自分は引き受けるつもりだと。私〔西郷〕はこれに応えて、われわれは日本の政治の改革には自ら努力する覚悟であり、──中略──**サトウの幕府に対する言葉使いは大いに軽侮的である〔至極薩道の口気は幕府を罵居申候〕──中略──

七月二十七日

西郷吉之助

大久保一蔵様」

アーネスト・サトウと西郷の対話は次の日にも続いています。

「その翌日、私は京都の情勢を聞くために、西郷に会いに薩摩屋敷へ行った。**西郷は現在の大君〔将軍〕政府の代わりに国民議会を設立すべきであると言って、大いに論じた**」。

これらのやり取りは実に興味深いものです。

書簡では、フランスが幕府に対して薩摩長州を討つのを支援する予定である、それに対抗するために、アーネスト・サトウは西郷に「今後協議を重ねたい」と述べています。

そして、今後の日本の政治体制をどうするかを議論する関係を作っていました。

西郷がアーネスト・サトウに、「現在の大君〔将軍〕政府の代わりに国民議会を設立すべきである」と述べているように、アーネスト・サトウは日本の将来像を西郷と語り合う関係を持っているのです。

幕末、後藤象二郎が公武合体論を唱え、土佐藩の山内容堂が公武合体論を提唱し、それをうけて、徳川慶喜が「大政奉還」を行っています。その後藤象二郎と西郷について、アーネスト・サトウは次の様に書いています。

「後藤〔象二郎〕はそれまでに会った日本人の中で最も物わかりのよい人物の一人であったので、大いにハリー卿〔公使〕の気に入った。そして、私の見るところでは、**ただ西郷だけが人物の点で一枚後藤にまさっていたと思う**」。

これまで、アーネスト・サトウが幕府の勝海舟と昵懇であるのを見ました。

そして、倒幕側の薩摩藩の西郷隆盛とも昵懇であるのを見ました。公武合体論で奔走した、後藤象二郎とも昵懇であるのを見ました。

では薩摩藩と並び倒幕の中心であった長州藩との関係はどうでしょうか。

アーネスト・サトウは木戸孝允（桂小五郎）や伊藤博文と長崎の玉川という茶屋で時を過ごすという関係です。アーネスト・サトウは木戸については「桂は、軍事的、政治的に最大の勇気と決意を心底に蔵していた人物だがその態度はあくまで温和で、物柔らかであった」と評価しています。この『玉川亭跡 板碑』には、「慶応3年（1867年）8月20日、坂本龍馬と土佐藩士・佐々木三四郎は、この玉川亭で、長州藩士・木戸準一郎（孝允）と伊藤俊輔（博文）に会い、政治情勢について意見を交換しました」と記述されています。

長州藩との関係に戻ります。

伊藤博文は、一八六七年末、幕府と薩長の間の武力衝突が必至とみられた時期に、アーネスト・サトウに**「戦闘行動を実際に開始する期日が切迫した場合は、あらかじめ知らせる」**と述べています。

こうして列挙してきますと、幕府側の勝海舟、薩摩藩の西郷隆盛、長州藩の伊藤博文など、時の最重要人物と軍事上の最高機密（戦闘行為を開始する期日）や、倒幕後の体制まで、論議できる関係を作ったアーネスト・サトウは凄い外交官であったと思います。


アーネスト・サトウと坂本龍馬の接点はどうなっているのでしょうか。

幕末に、勝海舟と話が出来る、西郷隆盛と話が出来る、木戸孝允と話が出来る、伊藤博文と話が出来る、こんな人物は、アーネスト・サトウ以外にいたでしょうか。

そうしてみると、幕末、このような活動をしたのは、坂本龍馬です。

先程、アーネスト・サトウが『英国策論』で倒幕を主張した時と、坂本龍馬が薩長同盟の橋渡しをしたのと同じ時期であるのを見ました。そして、将軍徳川慶喜が大政奉還を行っていた頃、アーネスト・サトウも坂本龍馬も徳川慶喜を入れた朝廷との連携を模索しています。

坂本龍馬が暗殺された後、後藤象二郎はアーネスト・サトウに龍馬が暗殺されたことを知らせています。両者に関係があるから知らせたのでしょう。

当然、坂本龍馬とアーネスト・サトウには接点があるとみられるのですが、不思議に、アーネスト・サトウの本には坂本龍馬のことは出てきません。

トーマス・ブレーク・グラバーは薩摩、長州に武器を売り、これらの藩が幕府に軍事的に対抗しうる力をつけさせました。グラバー抜きに「倒幕」は語れません。しかし、アーネスト・サトウは、同じ様に、グラバーについての記述をほとんどしていません。

不自然な感じがするのですが、不自然さの一つを記述しておきます。

まず、アーネスト・サトウの記述を見てみます。

「私は土佐藩の人々に連れられて須崎へ行き、長崎までゆくことになっていた汽船シューエイリーン号に乗った。—中略—

下関を通過するとき、私は旧友の安否をたずねて上陸して、井上聞多〔馨〕に会った。—中略—

〔一八六七年〕九月十二日〔慶応三年八月十五日〕の午後おそくなってから長崎に到着した。―中略―夕食のとき、有名な木戸準一郎、別名桂小五郎に初めて会った。木戸は、一八六四年以来の私の知友伊藤俊輔と一緒に領事館へ訪ねてきたのである」。

「土佐から私と同行して来た佐々木三四郎のところへ行った」。

この旅行は節目の時に実施されています。

松浦玲著『坂本龍馬』を見てみます。

「〔土佐藩の〕佐々木高行が長崎に出張命令を受けた。―中略―〔慶応三年〕八月十二日の夜に須崎港を夕顔で出た。**これに坂本龍馬とサトウが同行する。**―中略―下関で龍馬は、長府の三吉慎蔵に宛てて手紙を書いた。―中略―しかし八月十四日の龍馬は、いま高知にいる後藤が再上京したとき、西郷の戦争の決心を押さえることはできないと見ているようだ。―中略―長崎には十五日に着いた。―中略―龍馬が佐々木高行を木戸に紹介したのは遅れて二十日である」。

サトウは高知へ行った時に、後藤象二郎が出迎えています。そして長崎では木戸と会っています。

龍馬も長崎で後藤と会っています。長崎で木戸と会っています。

そして二日間（注、日時にづれ）同じ船に乗っています。

龍馬とサトウが話すのは自然ですが、アーネスト・サトウの本には何の言及もありません。

何故なのでしょうか。問題提起だけしておきます。

幕末史を語る時、アーネスト・サトウにもっと焦点があたっていいのでないでしょうか。

第一章　アーネスト・サトウの来日

アーネスト・サトウは日本に二度赴任しています。
一八九五年から一九〇〇年公使として赴任しています。アーネスト・サトウが英国大使館前に桜を植えたのはこの時期ですが、これは二度目のことです。

最初は一八六二年九月八日（文久二年八月十五日）から一八六九年二月二十四日（明治二年一月十四日）までです。まさに江戸幕府が崩壊に向かい、明治政府が樹立される時です。

この本では後者の時期を見ていきます。それは日本の維新の時代の歴史を紐解いてみることにもなります。

アーネスト・サトウの子供達、武田久吉の辿った運命

アーネスト・サトウは、「サトウ」です。しかし、勿論、彼自身に日本人の血が入っているわけではありません。

もっとも、家族となると、事情は異なります。

アーネスト・サトウは、形式上は婚姻していません。しかし、一八七一年に武田兼《かね》を内妻とし、三人の子をもうけています（三人のうち長女は夭折）。千代田区富士見町にあった敷地面積約五〇〇坪の旧旗本屋敷を購入して一家の住まいとし、この地は現在法政大学図書館になっています（法政大学の学生の方々、ご存知ですか?）。

長男栄太郎はケンブリッジ大学入学のため渡英したが結核とわかり、進学を諦めて療養のためアメリカのコロラド州へ移住して農業に従事しました。

次男の、武田久吉（一八八三年―一九七二年）は植物学者となり、日本山岳会会長を務めています。この山岳会会長には、槇有恒（第三次マナスル隊の隊長）、別宮貞俊（住友電工初代社長）、今西錦司（日本における霊長類研究の基礎を築く）、西堀栄三郎（第一次南極観測隊越冬隊長。「雪山讃歌」の作詞者）等がいますから、この分野で如何に高く評価されていた人物であるかが、わかると思います。

アーネスト・サトウの息子、武田久吉は尾瀬と深い関係があります。

多分、皆様は、「夏が来れば 思い出す はるかな尾瀬　とおい空」の歌『夏の思い出』をご存知と思います。もし武田久吉なかりせば、「水芭蕉の花が　咲いている　夢見て咲いている水のほとり」

と歌われる情景が残っていたか疑問なのです。

尾瀬は、武田久吉によって世に紹介されました。

武田久吉は日本山岳会の『山岳』（創刊号、明治三十九年）に、尾瀬について書きました。当時**尾瀬は「山深くして路なく交通便の良かざるが故に、人の行くこと稀**に、其の名世に現れず―中略―紀行として尾瀬に関するものは殆んどなし」という状況で、世には知られていなかったのです。

そして、尾瀬の魅力について次のように書いています。

「尾瀬ヶ原の一部は今我が眼の前に展開されたり、ミズゴケのじくじくと湿りたる処にコミヤマリンダウの紫も唇綻ばせて、天を仰いで笑をもらせる、此の世のものとも思はれず―中略―行く手には燧ケ嶽の巍然として雲表に聳えたるが、其の裾まで一望盡くミズゴケの原にて、其の間には川あり、湖あり、沼あり、林あり、これぞ尾瀬ヶ原の主部にて、紅白紫黄の花すき間なく咲きつづき、中には北海道の外内地にては他になきもあり。我等は時のうつるもしらずして此の自然の楽園にさまよひ、美しき花を摘み、珍らしき草を抜きつつ進めば、小流のいくつかありて―略―」。

この文章で尾瀬が世に知られるようになったのです。

武田久吉は尾瀬を紹介しただけではありません。大正十一年頃、尾瀬貯水化計画に反対の声をあげました。さらに、昭和二十三年の尾瀬ヶ原巨大ダム計画にも反対しています。

先般地方に講演にいった時に、ある人が「尾瀬は東京電力の所有です」という指摘をされました。原発事故の後どうなったかわかりませんが、開発の対象であったことは明確でしょう。

こうした功績を偲び、今日、尾瀬に「武田久吉メモリアルホール」があります。

武田久吉は東京育ちです。府立一中を卒業し、東京外国語学校で外国語を学んでいます。

武田久吉は、尾瀬行きについて、「学年試験の終るや、翌日、―中略―我等は日光に行きたり」として、日光地方の山々や野原を訪れ、尾瀬に行っています。

武田久吉は何故、尾瀬を知ったのでしょうか。父、アーネスト・サトウからです。

アーネスト・サトウは中禅寺湖に魅せられ、駐日イギリス公使時代の一八九六年、中禅寺湖湖畔に別荘を建てます。山荘の見取り図は一階が居間1（食堂）、居間2（客間）、居間3（書斎）で二階に居間三室でした。

飯野達央著『聖地日光へ』は次のように書いています。

「武田久吉は『尾瀬と日光　アーネスト・サトウの旅』の「序に代えて」の中で自己の登山史をこのように書いている。

「私の登山史は、日光の山から始まったといって好い」」。

「最初となる日光での避暑生活は、サトウの山荘が完成した1896年の夏の約一カ月を日光山の古刹である浄光寺で過ごしている」。

武田久吉が初めて尾瀬を訪れたのは二十二歳になった一九〇五年七月だった。この時に参考としたガイドブックは父アーネスト・サトウがまとめた『中部・北部日本旅行案内』第二版であった。

先の本に「一八九六年には武田家の別荘が建てられた」とあります。

この文章を見て、「アレ」と思われた所はないでしょうか。

私は「最初となる日光での避暑生活は、サトウの山荘が完成した一八九六年の夏の約一カ月を日光の古刹である浄光寺で過ごしている」で引っかかりました。何故、サトウの別荘が完成しているのに、息子武田久吉は浄光寺で過ごしているのでしょうか。何故、サトウの別荘があるのに、武田家の別荘が建てられる必要があるのでしょうか。

短いものですが、この文章には様々な情報が詰まっています。アーネスト・サトウは別荘を建てましたが、ここでは武田兼やその子供と一緒に暮らしていません。アーネスト・サトウは別荘に外国からのお客や、日本の位の高い人を招き、宿泊もさせています。でも武田兼らはこの仲間には入っていません。

それで、武田家に別荘を建ててあげています。

何となくアーネスト・サトウの日本での生き方を象徴しているようです。

アーネスト・サトウは、①公的には英国第一を貫く、②だが日本を深く愛する、③そしてその日本に自分の出来る最善を与えるように努める、これがアーネスト・サトウの日本への対応だったのではないでしょうか。

武田久吉は、バーミンガム大学で研究し、一九一六年に植物学の博士号を取得しています。一九五九年に『原色日本高山植物図鑑』も出版しています。この本には学名で武田氏の名がつけられているものに、ホウオウシャジン（ききょう科）、ウラシマツツジ（しゃくなげ科）、イワハゼ（しゃくなげ科）、ホンバノシラネニンジン（せり科）、チンゲルマ（ばら科）、クモマナズナ（あぶらな科）、タカネナデシコ（なでしこ科）、フタバラン（らん科）、タカネアオヤギソウ（ゆり科）があります。

さらに武田久吉は「多年にわたる高山植物の生態に関する研究」で秩父宮記念学術賞を得ています。これから見えるのは植物学の権威です。それで、経歴を見ると、「一九二八年（四十五歳）から一九三九年（六十七歳）まで京都大学の講師を務めた」と記述してあります。


何故、博士号を持ち、学術的貢献を行っている武田久吉が「講師」で終わっているのでしょうか。


当然、「彼の父がアーネスト・サトウであることと関係があるのだろうか」という疑問が出てきます。そんな疑問を持っている時に、何となく答えを与えてくれる記事に出合いました。二〇一四年九月五日号『週刊朝日（ウェブ版）』には次の記事が掲載されています。

「幕末を動かした英外交官が日本人妻へ送った５００通のラブレター」

「かつて明治維新で活躍したイギリス外交官のアーネスト・サトウ。彼の孫である林静枝（八四）さんは、彼と祖母とのロマンチックな秘話を明かした。

＊＊＊

アーネスト・サトウは、幕末から明治にかけて活躍したイギリス人の外交官です。日本語に堪能で、幕末には西郷隆盛など志士たちと交流しました。

20年ほどの日本滞在で、武田兼《かね》との間に2人の男の子をもうけました。次男が父・武田久吉《ひさよし》ですから、サトウは私の祖父になります。

その後、祖父は各国に赴任し、晩年はイギリスで暮らしました。基本的に、祖父と家族は離れて暮らしていたのです。

ずいぶん前に、祖母の遺品を整理しようと段ボール箱を開けてみましたら、祖父から家族あての手紙が500通くらい出てきました。イギリスや赴任先の国からの手紙を、祖母はぜんぶとっておいたんです。

イギリスに祖母を連れていけば、言葉も生活習慣もちがうから苦労する。だから、一人で帰ったんでしょうね。寂しかったから、手紙をこれだけ寄越した。亡くなるまで生活費も送ってきてくれたそうです。

日本で生まれ育った父は、背が高くて、足が長くて、すごくハンサム。写真で見た祖父にそっくりでした。顔だちも外国人みたいだった。だから、戦時中は嫌な思いをしたようです。

植物学者でしたが、民俗学も好きだった父は、庚申塔《こうしんとう》の写真を撮りに都内のお寺や地方へよく行きました。大きな蛇腹の写真機で撮影していると、スパイだと思われて告げ口されたのか、警官が来たこともあります。

そんなこともあったせいか、**父は祖父のことを一切話しませんでした。おかげで、私は祖父のことを何も知らなかった。**

はじめて祖父について知ったのは、女子大に入学するときでした。戸籍謄本が必要だというので取り寄せましたら、祖父の欄に「薩道静山」と書いてあった。なんのことかと不思議に思ったら、祖父の雅号でした。

母は、「アーネスト・サトウといって、明治維新に活躍した人なんだよ」と話してくれました。でも、私は何をした人かも知らなかったので、祖父がイギリス人だったんだ、とだけ思いました。祖父が小説や大河ドラマに登場して、一般的に知られるようになったのは、もっとあと。戦後のことです。でも、日本語だけでなく古文書も読めるほどの、日本文化のすぐれた研究者だったことは、今でもあまり知られていません。それが少し残念です。

祖母と父が住み、私が生まれ育った家は、靖国神社の裏手にありました。祖父が祖母のために用意した家で、昔の旗本屋敷でした。

冬は寒くて、とても住みづらい。だだっ広い木造の平屋で、天井が高くて、すごく太い梁がありました。和室ばかりでしたけど、なぜか一部屋だけじゅうたんが敷いてあり、椅子と丸いテーブルが置いてありました。祖父が日本にいたとき、その部屋で食事をしたのかもしれない。

５００坪の敷地には、池もありました。父が山からとってきた珍しい木や植物がたくさんあって、昆虫もいましたし、鳥も飛んできました。ほんとうに楽しい庭だったんです。

でも、40年ほど前、相続税が大変で、泣く泣く手放しました。現在は、建物も池もなくなって、法政大学の図書館が立っています。

今でも懐かしく思います。あの家が祖父からもらった宝物でした。」

「父は祖父のことを一切話しませんでした」というのは、多分、アーネスト・サトウの存在は、明治から第二次大戦にいく軍国国家の中で、武田久吉氏の社会的扱いでマイナスであったのでしょう。

＊＊＊

アーネスト・サトウは全く思いがけず、ほぼ日本への最後の旅で、久吉と日光に行くことになります。

アーネスト・サトウは、著書『一外交官』等で、武田家の接触についてはほとんど言及していません。

『アーネスト・サトウ公使日記Ⅱ』（新人物往来社）の「付録」に記述があります。中国公使を終え、一九〇六年（明治三十九年）五月帰国途中日本に立ち寄ったときのものです。五月十八日神戸に上陸し、二十一日夜半に東京に着きます。

五月二十二日　O・K（お兼）と久吉に会いに行く。久吉は札幌農学校の助手になるという計画をしている。

二十三日　お茶のあとで、もう一度富士見町へ行く。O・K（お兼）が大切に蔵っていた八十七円の古い金貨を持ち出して、二人の子供に等分に分け、栄太郎に渡してほしい〔多分この時期栄太郎は英国に留学中〕と半分を私に預けた。

二十五日　三菱合資会社銀行部へ行って、千円払い込む。

二十六日　富士見町へ行って、来年の九月までの分として小切手数枚を渡す。

二十八日　富士見町に朝早く別れを告げに行く。O・K（お兼）幼女を養子にする考えを諦めて、久吉が一人で生計を樹てられるようになったら、すぐ結婚させたいと思っていると言った。

マクドナルド〔英国大使〕はサイベリア号で伝染病が発生したので、検疫のため十日ほど停泊することになるだろうと私に言った。―中略―中禅寺に行く計画を立てた。

五月三十一日　久吉と十時半の汽車で日光へ行く。

六月二日　竜頭の川岸に沿って歩き、それから湿地帯を横切って道に出る。湯元に着いたのは十一時十五分だった。

六月三日　金精峠の方向に少し歩く。

六月四日　白雲という新しい滝を見に道を降りて行った。

六月八日　お兼と久吉に別れを再び告げる。

アーネスト・サトウはこの日本滞在の時間を、極力、お兼と久吉と一緒にいようとしています。お兼はアーネスト・サトウからもらったお金を子供に半分ずつ分けます。

久吉は一九一〇年植物学研究のため渡英し一九一六年まで滞在します。

船で横浜へ。江戸湾に、「これにまさる風景は世界のどこにもあるまい」。

アーネスト・サトウの父はドイツ人、母は英国人。家族はルーテル派の信者でした。

私達は西洋社会での宗教の持つ意味を理解しませんが、英国での宗教はイングランド国教会が支配していました。この当時、アーネスト・サトウが学業で如何に秀でていても、非国教徒であるアーネスト・サトウがオックスフォード、ケンブリッジ大学に入学するのは難しかったのです。ユニヴァーシティ・カレッジ・ロンドンに進学します。アーネスト・サトウは日本に関心が高く、一八六一年に英国外務省に通訳生として入省します。

アーネスト・サトウは一八六二年九月二日（文久二年八月九日）、日本語通訳官として、汽船ランスフィールド号で上海から横浜に向かいました。旅は順調であったようです。八日には江戸湾に入っています。彼は『一外交官』に、次の様に書いています。

「右手に―中略―鋸山の森林を望み、左手に浦賀の小さい入江を見ながら、広い湾を横浜に向かって進んだ。

実に陽光燦燦たる、日本晴れの一日であった。**江戸湾を遡行する途中、これにまさる風景は世界のどこにもあるまいと思った。濃緑の森林をまとった形状区々たる小山が南岸一帯に連なっている。これらを見おろすように、富士の秀麗な円錐峰が、残雪をわずかに見せながら一万二千フイート以上の高空にそびえていた。**

高くて気品のある大山や、その他の連山が、富士の西方の平野を画している。一方これと対して、低く這うような砂浜が右手へ急に曲がって、江戸の方角の水平線下にたちまちのうちに沈んでいった」。

幕末から明治、大正、昭和にかけ船で横浜に来る外国人には、富士山は特別の存在でした。

日本の景色はサトウを温かく迎えました。

だが、この時期、日本の政情は開国を巡り、「攘夷」対「開国」、「尊王」対「佐幕」に分かれ激しい抗争を行っている時です。

日本に赴任するにあたって、アーネスト・サトウは次の思いを持っています。

「私は任地へ出発する前、まだイギリスにいた時から、日本では気候の変化から来る病気以外に、熟練した剣士の手にかかって不慮の死を遂げる危険をも考慮に入れなければならないと考えたのであった。したがって私は、相当量の火薬、弾丸、雷管と共に、一挺の拳銃を買い込んだ」。

アーネスト・サトウが一挺の拳銃を持って日本で生活していたとなると、当時の日本が外国人にとって、如何に危険に思われたかがわかると思います。

現実にアーネスト・サトウは日本に滞在中に幾度か武士に襲われています。

アーネスト・サトウは日本語の達人になっていきます。

アーネスト・サトウは日本語の勉強に乗り出します。

アーネスト・サトウの外交官としての優れた点は日本語に秀でていることです。

何と横浜到着の翌日に、日本語の研究に勤しむジェームズ・カーティス・ヘボン博士と米国の宣教師ブラウンに会うため神奈川を訪れています。両名はこの時期、成仏寺に住んでいました。彼は頻繁に劇場通いをしていたようで、「忠臣蔵」や「皿屋敷」を見ています。見たのは、「横浜の劇場」と記述しています。私は、外務省に入って、外国語は英語、ロシア語、ペルシア語を学びました。観劇を楽しむには、相当のレベルに達していないとわかりません。歌舞伎を見に行けるということは相当の日本語の能力だったでしょう。

当時の英国の駐日公使はラザフォード・オールコックでしたが、一時英国に帰っており、ジョン・

ニール大佐が代理公使に就いていました。このニールが一八六四年三月、つまりアーネスト・サトウが来日してから一年半の時点で、**アーネスト・サトウの将来を占って、「英国の大学の日本語の教授になる」と述べていますから**、凄い進歩を遂げていたのだと思います。

アーネスト・サトウは、一八六七年（慶応三年）から一八六八年にかけて作成したものを、一八七三年に日本人の助力を得て、「Japan Mail」社から『会話篇』として出版しています（その復刻が、後、東洋文庫から出版）。

彼は、様々な場合分けを行い、日本語と対応する英語を書いています。

この本はアーネスト・サトウが意図したことではないのですが、江戸末期に人々が、実際どの様に話していたかを示しています。

この本を見て、私達が今日話しているのと、アーネスト・サトウが集めたサンプルが非常に類似していることがわかります。

その内の「spring〔春〕」の部分を紹介してみます。

spring

Haru wa kokoromochi ga nani-to-naku yo gozaimasu.

Shizen to ki ga hittate yo-ki ni narimasu.

Oioi attaka ni narimasu.

Kiora wa awase wo kite mo ii kurai des.

Shikashi mada yokan ga kibishiu gozaimasu.

Kesahodo nado wa kanchiu no yo de gozaimashita.
Asa ban wa mada samu gozaimasu ga, hiruma wa yohodo shinogi-yo narimashites.
Samui to moshite mo haru wa haru dake do shite mo chigaimasu.
Ah,nodoka na hi da.
Jitsu ni yoi jiko ni narimashita.
Kore,soko no shoji wo akenai ka, daibu mushi-mushi shite kita.
Oya,soto wa hi ga attatte orimasu,so shite kaze ga minami ni kawatta to miemashite.
Daibu attaka ni narimashita.
Yoyaku jiko so-o ni.
Mada domo asa ban wa hiyatsukimasu na.
Jiko ga mada takaku sadamarimasen des.
Kanki mo yurumimashita.
Shikashi mo jiko ga jiko de gozaimasukara.

この終わりの語形をみますと、「ございます」「なります」「です」「……だ」「開けないか（命令調）」「してきた」等です。外国人に向けての会話ではありません。武田兼を内妻としたのが一八七一年（明治四年）です。出会いの以前に集めていた物の様ですから、その頃でもすでに、如何に日本社会に溶け込んでいたかがわかります。

更に一八七三年発行の会話篇の「PART　II」（英語記載）は単語の使い方がもっと微妙に記載され

ています。

いやー：「no」、嫌のように強調的ではない。

まー：その内に、問題にそれ以上入ることなく。

ただいま：すぐに、今すぐ、然し現実には時間の長さは不明確

夫人について

他人の妻	自分の妻
おかみさん―商人等	にょうぼ
ごかない―商人、下級武士	さい
さいくん　同上	かない（一番使われる）
ないくん　同上	
おくさま―　旗本、その上	つま（まれ）
ごないしつ　同上	

こうした日本語のニュアンスの違いは、日本社会に入り込まなければわかりません。そして彼は日本語能力を駆使して日本人の要人と会っていきます。

アーネスト・サトウの日本語の能力は急速に進歩しています。

アーネスト・サトウが横浜に到着したのは一八六二年九月八日（文久二年八月十五日）です。それが一年後、次の極めて重要な公式文書を英訳できる位になっています。

「今本邦ノ外国ト交通スルハ頗ル国内ノ興情ニ戻ルヲ以テ更ニ諸港ヲ鎖ザシ居留ノ外人ヲ引上シメ

ントス。此旨朝廷ヨリ将軍へ命ゼラレ将軍余ニ命ジテ之ヲ貴下等ニ告ゲシム。請フ之ヲ領セヨ。何レ後刻面晤ノ上委曲可申述候也。

文久三亥年五月九日　　小笠原図書頭

各国公使宛」〔続通信全覧編年之部〕

驚異的な日本語の習得です。アーネスト・サトウはこうした日本語の能力を生かして日本人社会にどんどん入っていきます。幕末時、アーネスト・サトウは幕府側にも倒幕側にも食い込んでいますが、その代表的な例が江戸城の無血引き渡しの頃の勝海舟への食い込みでしょう。この時、倒幕側の責任者は西郷隆盛、幕府側の責任者は勝海舟です。彼は『一外交官』に次のように書いています。

「私の入手した情報の主な出所は、従来徳川海軍の首領株であった勝安房守であった。私は人目を避けるため、ことさら暗くなってから勝を訪問することにしていた」。

幕府を除く日本側で、アーネスト・サトウ等と関係を持っていたと述べているのは、井上馨です。彼は末松謙澄編『維新風雲録』〔哲学書院、明治三十三年〕で次のように述べています。

「当時幕府の役人より外には外国の公使などへ行て話などをすると云ふ人はいない、所謂る有志家と云ふ側で行たのは伊藤〔博文〕と私の二人位なものであつたらう」。

アーネスト・サトウは日本語の習得を武器に、どんどん日本社会に食い込んでいきますが、一時待遇に不満を持ち、外務省を辞めると公使に述べています。

アーネスト・サトウが横浜に着いたのが一八六二年九月（文久二年八月）でした。彼は急速に日本語を習得していくことで、英国の公使館にとっては欠かせない人材に育っていきます。

当時日本人にはジョン万次郎以外、英語を話せる人はいません。そうすると通訳は日本語→オランダ語（日本人通訳）→英語（イギリス人通訳）という形で二人の通訳を介します。時間もかかるし、正確さにも欠けるところが出てきます。その状態の中で、アーネスト・サトウが出てきたのですから、とても貴重です。

アーネスト・サトウは著書『一外交官』に次のように書いています。

「私は、日本語を正確に話せる外国人として、日本人の間に知られはじめていた。知友の範囲も急に広くなった。自分の国に対する外国の政策を知るため、または単に好奇心のために、人々がよく江戸から話をしにやってきた」。

しかし、公使のパークスとはうまくいっていないようです。

「〔パークスは〕私的の関係では、助力を求めるすべての人々に情け深く、彼の好意をかち得た人々に対しては、どこまでも誠実な友として尽くしてくれた。私は不幸にして、こうした人々の一人ではなかった」、**「私自身としても、長官〔パークス駐日公使〕がいつも使うあの傲慢な言葉の通訳を務めることはいささか参っていた」**と記述しています。

アーネスト・サトウは様々な人々の知己を得ていますが、西郷隆盛もその一人です。

一八六五年一月（元治元年十二月）、英・仏・蘭・米の公使達は兵庫に出かけますが、軍艦で碇泊中、薩摩藩の船が旗艦に接近してきます。アーネスト・サトウは薩摩藩の船に乗って、目にした「小さいが炯々とした黒い目玉の、たくましい大男が寝台の上に横になっていた」というのが西郷隆盛との最初の出会いです。

その後、パークスの通訳が嫌になった時代もあります。

「一八六五年四月に横浜の領事館付通訳官となったときの私の俸給は、年額わずか四百ポンドであったが、―中略―自分は五百ポンドもらっているオランダ語通訳のそれと同じ価値があると思うようになった。―中略―

一八六六年八月に、ハリー卿は私にたくさんの政治上の文書を渡し、これらを翻訳するように命じた。われわれは卿に手紙を書き、年俸百ポンドの増額を外務省に頼んでくれるように要求した。すると、彼の激怒が雷のようにわれわれの頭上に落ちた。―中略―〔父と相談すると〕大学に通わせて弁護士になれるだけのことは充分にしてやると言ってきた。―中略―〔それで〕卿に辞職を許してもらいたいと言った。卿は、しばらくの間、フーとか、ハーとか言っていたが、―中略―クラレンドン卿〔外務大臣〕の書信を引出したから取り出した。それには、シーボルトと私の願いを許すとあったので、退職を思いとどまった」。

英国外務省も次第にアーネスト・サトウの働きを認めます。

一八六七年大晦日に年俸七〇〇ポンドの日本係書記官に任命される公信書が届きました。

アーネスト・サトウはこれまで能力があっても「領事職」です。領事は基本的に自国国民の保護の任務にあたります。短期間の内に相手国との折衝を任務とする「日本係書記官」への登用は多分、異例の出世だと思います。

アーネスト・サトウの『一外交官』は当時何が起こったかを記述したものです。従って日本社会の

批判は意図していません。でもあるのです。「この国の人民は服従の習慣があるから、外国人でも日本の統治はさして困難ではなかったろう」。

アーネスト・サトウは一八六二年九月八日（文久二年八月十五日）に日本に到着し、一八六九年二月二十四日（明治二年一月十四日）に日本を出発しています。その間に何があったかを書き留めたのが、『一外交官』です。幕末のこの時期、英国と、フランスが内乱を助長すれば、明らかに、英仏のいずれかに支配される可能性はありました。

この部分については、アーネスト・サトウは次の様に見ていました。

「私は、内政問題に関し**諸大名の意見が互いに一致していないのだから、何らかの形で戦争が行なわれなければ問題は解決できるとは思われぬ、二、三十年も戦乱がつづいて、日本が著しく疲弊するとなると、諸外国はその機会に乗じていずれかの一派を援助して他派に対抗し、しまいに日本領土の一部をわが物にするに至るだろうと―中略―述べた**」。

その情勢の中、アーネスト・サトウは、更に、次の記述を行っています。

「私の日記にも書いてあるように、**日本の下層階級は支配されることを大いに好み、権能をもって臨む者には相手がだれであろうと容易に服従する。**ことにその背後に武力がありそうに思われる場合は、それが著しいのである。―中略―

もしも両刀階級の者をこの日本から追い払うことができたら、**この国の人民には服従の習慣があるのであるから、外国人でも日本の統治はさして困難ではなかったろう**」。

私はこの文章を見た時、第二次大戦後の日本についての記述を想起しました。私は『戦後史の正体』の中で次の引用をしました。

＊＊＊

トルーマン大統領は次のように書いています。

「マサチューセッツ工科大学の総長コンプトン博士は、〔日本から〕帰国したあとホワイトハウスに来て私に説明した。彼にまとめてもらった覚書は次のとおりである。

日本は事実上、軍人をボスとする封建組織のなかの奴隷国であった。そこで一般の人は、一方のボスのもとから他方のボス、すなわち現在のわが占領軍のもとに切りかわったわけである。彼ら多くの者〔にとって〕はこの切りかえは、新しい政権のもとに生計が保たれていければ、別に大したことではないのである」（『トルーマン回顧録』）。

＊＊＊

ふと、私は考えてみました。

「幕府側と倒幕側に分かれて戦争する可能性はあったか」。

充分にありました。幕府は二度長州征討を行うことを決めました。

鳥羽・伏見の戦いで、幕府側と倒幕側は戦いました。

「蛤御門の変」を見れば、倒幕側の薩摩藩と長州藩が戦う場面もありました。

「最終的に、戦いに行かない決断を誰がしたのであろう？」

「あるいは誰の行動が最終的に戦いを止めたのであろう？」

これが幕末史で極めて重要な問です。
アーネスト・サトウはこれに貢献しています。

第二章　「桜田門外の変」から「生麦事件」へ

アーネスト・サトウが活動した時代は、日本が、鎖国から開国に方針転換する激動の時代でした。日本では一六三九年（寛永十六年）の南蛮船入港禁止から、一八五四年（嘉永七年）の日米和親条約締結までの期間を「鎖国」と呼びます。

開国は日本自らの意志で実施したのではありません。米国海軍「サスケハナ」を旗艦とする「ミシシッピ」、「サラトガ」、「プリマス」の四隻が、一八五三年七月八日（嘉永六年六月三日）浦賀沖に現れ、それ以降、外国の強硬な圧力の下、徳川幕府は「開国」に踏み切りました。

そして、その過程で、幕府の決定の仕方に強い反発が出、これを弾圧する過程で、「倒幕」の動きが活発化し、「佐幕（幕府維持）」と「倒幕」の激しい戦いが起こりました。

アーネスト・サトウはこの中で「倒幕」側に立っています。通常、外交官は相手国の内政に中立を保ちますから、アーネスト・サトウの動きは異例です。

アーネスト・サトウは『日本における一外交官』（原著）を一九二一年英国で出版しますが、日本では「禁書」扱いで、一九六〇年初めて、全文が紹介されました。

何故、「禁書」なのでしょうか。

アーネスト・サトウ等、英国公使館員は「倒幕」に深く関与していました。英国が「倒幕」に深く関与していたというのは、明治政府高官などにとっては決して望ましいことではありません。

徳川幕府をどう位置付けるか、先ず全体主義国家であることには異議がありませんが、その評価には様々なものがあります。

私達は、明治政府が作られる過程を評価する時、その前の徳川幕府とは何であったか、そこが如何なる問題点を抱えていたかを知る必要があります。この点に関して、外国人はどう見ていたのでしょうか。

ハーバート・ノーマンは宣教師の子として、一九〇九年軽井沢に生まれ、カナダ外務省に勤務し、戦後GHQに出向し、昭和天皇とマッカーサーの会見の際にGHQ側の通訳を行った人物です。彼は、著書「封建制下の人民」（『ハーバート・ノーマン全集』）で次のように記述しています。

幕府の支配的原則というものは、これを一口で言えば、

（一）　国家のためになることだけが正しい、

（二）　私の道徳というものは存在せず、公の道徳だけが存在する、

もし、ノーマンのこの評価が正しいとすれば、「倒幕」を評価する時、「倒幕後の明治政府が、この要素から縁遠い政権になっていたか」、或いは、「形を変えたけれども本質的に同じものを引きずっていたか」を見る必要があります。

徳川幕府がこうした全体主義的な体制であったとして、それを力で排除するのが正しいのでしょうか。

ジョージ・B・サンソムは一八八三年生まれ。三十年以上東京の英国大使館で勤務した人物です。一九四七年から米国コロンビア大学で教え、米国の「日本学」の基礎を作っています。著書『世界史における日本』における徳川政権の位置づけを見てみます。

＊＊＊

●家康をはじめ代々の将軍は日本人の生活を一つの型に固定させ変化を防止しようと努めました。

●民主国家の市民は、専制的中央集権政府というものが、いろいろの弊害があるにしても人類の発展史において重要な役割を演じていることを時によると忘れがちであります。政治の仕方を誤ったために虐政が行われることもあるにはありますが、—中略—政府が優柔不断であったり、甚だしくは政府が全くないという条件から、虐政が行われる場合もあります。大ていの人は政府が存在しないよりは過酷な政府でもあった方がましだと思うでありましょう。暗黒時代以降のヨーロッパの歴史を調べてみればわかることでありますが、封建制度が全くの無政府よりはましなように絶対王政は不安定な封建制度よりましでありましょう。すなわち、絶対王政は近代社会の発展途上において避けられない、いなむしろ良い結果をもたらした一段階であったのであります。ヨーロッパにおいて封建的割拠体制が崩壊し、国民国家の発生をみるにいたったときに、一般民衆は絶対王政に反対しなかったばかりか、進んでそれを歓迎しました。絶対王政の支配は圧制的であったかもしれませんが、それは国家に秩序と或る程度の安定をもたらすように作られていました。

●信長と秀吉の建設的事業は中央集権のもとに日本の統一を目ざしたものでありますが、足利末期および戦国時代の耐えがたい混乱ののちであったために一つの救いとして民衆から歓迎されました。家康が最後に覇権を握り、**徳川氏は極めて鞏固な独裁を打ち立てることに成功しましたが、これは一部の外様大名が決して心底から協調しなかったのを除いては、万人がほとんど感謝して全体主義的政治体制を受け入れた実例であります。**

●日本では哲学者のあいだでも時代の主義原則や政治の方法を攻撃した徴候は少ししかありません。

●**秩序と規律に耐えきれない状態を示すもの、—中略—反抗的、個人主義的精神に照応するものはまことに少なかったのであります。日本では義務の観念が政治生活でも社会生活でも個人の権利に優越していたように思われます。**—中略—百姓一揆は特定の不平不満の現われではあったが、政治意識ましてや政治上の主義の現われではなかった。

＊＊＊

そして、この全体主義的社会は社会的基盤を整備していった時代でもあったのです。

スーザン・B・ハンレーが書いた「17—19世紀　日本の公衆衛生の先進性」（『知られざる日本—第二集』、国際経済交流財団、二〇〇一年）を見てみます。

＊＊＊

●江戸時代の性格については、――中略――保守的で権威主義的な体制の下で、政府が人々に重くのしかかった時代、という方がふさわしいだろう。しかし、公衆衛生は、幕府が置かれた江戸の法と秩序を維持するために制定された法規から生まれた、思わぬ副産物であった。

●18世紀初頭には、強力な統制によって、江戸は１００万の人口を擁する大都市に成長できたのである。それは、当時のヨーロッパ最大の都市であったロンドンの倍の規模であった。

●ロンドンの上水道が飲んで大丈夫とみなされたのは、ようやく1921年になってからである。これとは対照的に、江戸その他の都市における上水道とゴミ処理の方法は、全般的に効率が良く、比較的衛生状態が良かった。１８７７年に英国人Ｒ・Ｗ・アトキンソンが、日本アジア協会での報告で、明治維新直後の10年間、東京の上水道はロンドンのそれよりもきれいであったと結論づけている。

●１５９０年に徳川家康は、自らの首府を選ぶ際に、家臣の大久保藤五郎忠行に命じて、上水道のシステムを作らせている。最初に建造された水道は神田上水で、――略――。

●幕府は水の使用を厳格に統制した。――中略――この規制によって、十分な水が一日24時間供給されたのである。これとは対照的に、18世紀半ばまで、ロンドンで水が出たのは週に3日、しかも日に7時間だけであった。玉川上水は大量の水を江戸に供給した――略――。

●日本では、人の排泄物は――中略――〔農業用に使用され〕金銭価値を持った商品であった――略――。

●江戸での廃棄物に関する規制は、早くも17世紀半ばには現れている。

●清潔な通りや高品質で十分な上水が維持された大きな要因は、江戸時代を通じての高度に洗練された民衆支配方法にある。

＊＊＊

鎖国は本当に悪い政策だったのでしょうか。カントは鎖国が合理的な政策だと述べています。

イマヌエル・カントはドイツ古典主義哲学の祖とされています。彼は著書『永遠平和のために』（岩波書店、一九四九年版、原本は一七九五年に出版）で日本の鎖国を是認する論を展開しています。

「我が大陸の開化せる、**特に商業を営む諸国家の残酷な態度を比較してみるならば、彼等が他の土地と他の諸民族を訪問する場合、（彼等にとつては訪問は掠奪と同一のことである、）彼等の示す不正は恐るべき程度に及んでゐる。**—中略—アメリカ、黒奴諸国、香料諸島、喜望峰等々が発見された際、それらは何人にも属さない土地と見做された、けだし—中略—商業的植民を意図するのであるとの口実の下に外国の軍隊を移入し、それによつて住民を圧迫し、その諸国家を広汎な戦争に煽動し、飢餓、内乱、裏切、その他、人類を悩ますあらゆる禍悪の嘆きのあらん限りを齎らしたのである。

だから支那（ママ）と日本《ニポン》とが、一応これらの賓客を試みてみた後に、前者は来航はなるほど許可するとしても入国は許可せず、後者は**来航することさへヨーロッパ民族、即ちオランダ人にのみ許可し、しかもその際にも彼等を囚人の如くに取扱つて自国民との友好関係から除外したのは、賢明なことだつたのである**」。

私達は「鎖国」を判断する場合、鎖国状態でなかったら如何なる事態が予測されるか、それと鎖国下の状況との比較を行って初めて、「鎖国」の是非を正当に判断出来るのだと思います。

開国後、オールコック駐日公使は、「開国した以上、西洋諸国は後戻りすることを許さない」と記述しています。

ラザフォード・オールコックは一八五九年（安政五年）来日、六四年（元治元年）まで公使。『大君の都―幕末日本滞在記』に次の様に記述しています。

「かれ〔ケンプファー〕は、日本史に関する精密な著書の最後の章に、つぎのような意味深い表題をつけている。『日本帝国を現在のように鎖国しておいて、その住民に国内でも国外でも外国と接触させないことが日本の利益になるか否か、ということについての考究』と。

わたしはかれにならってこのような考察を行おうとするものではない。それはなにも、かれの多くの結論と意見を異にするべき重大な理由があるからというのではなくて、―中略―条約を締結した諸国によって、この問題はすでにはっきりと決着を見ているからにすぎない。―中略―**日本をふたたび鎖国することは絶対にできないこと**だからである。通商によって、相競っている諸国と相争う利害関係によって、門のちょうつがいははずされたのである。いまとなっては舞台から退場するわけにはゆかぬほど深入りした西洋諸国が多いし、それに**これらの国のどれひとつをとってみても、日本人がどうやってみたところで力ずくではとうてい追い出せないほど強力だ**」。

幕末の戦いは「開国」か、「攘夷」かで出発しました。幕府側は西洋の圧倒的武力を前に、「日本人がどうやってみたところで力ずくではとうてい追い出せないほど強力だ」というオールコックの論理を認めて開国しています。

倒幕側は、当初は「攘夷」で、外国勢力を排することで出発しました。しかし、「攘夷」の主軸、薩摩藩と長州藩は各々、「薩英戦争」「馬関戦争」で英国など列強に敗れ、「攘夷」は捨てています。彼等の戦いの主要理念が崩壊しています。とすると「倒幕」とは何であったのか。「天皇親政」を打ち立てたと言っても、明治政府発足時、天皇はまだ十五歳です。

更に明治維新になって「富国強兵の道を歩んだ」という指摘があるかもしれません。しかし、軍事力強化論は「幕府」側も「倒幕」側も意識している事なのです。後で触れますが、長州藩に長井雅楽という人がいて、「航海遠略策」を説き、ここでは「洋夷は航海術を会得している。積極的に航海を行って通商で国力を高め、皇威を海外に振るって、やがて世界諸国（五大洲）を圧倒する」ことを主張し、これを幕府も支持し、幕府・朝廷・長州藩でこの路線で行こうとしていた時もあったのです。

そう考えると、「薩摩藩・長州藩主導の『維新』とは一体何だったのであろうか」という問が出てきます。

「幕府という勢力に代わり、薩摩・長州の人々という新たな支配勢力が出たという以上に、如何なる評価が出来るか」という問が残ります。

オールコック駐日英国公使は鎖国に戻ることは許さないとしていますが、それは何故なのか、どうしようとしているのでしょうか。

一八五三年七月八日（嘉永六年六月三日）ペリーは旗艦「サスケハナ」以下、「ミシシッピ」、「サラトガ」、「プリマス」の四隻からなる米国の艦隊で浦賀沖に来ました。「黒船事件」です。ここで開国を促す米国大統領親書を日本側に手渡します。

そして、一八五八年七月二十九日（安政五年六月十九日）日米修好通商条約が結ばれます。

ここまでは、日本の開国は米国が主導しています。

しかし、**一八六一年四月から六五年四月まで米国は南北戦争の中にあります。従って、倒幕の重要な時期、米国は主要な役割を演じていません。代わって重要な役割を演ずるのが英国です。**

私達はすでに、オールコック駐日英国公使が、「日本はふたたび鎖国することは絶対にできない」「これらの国のどれひとつをとってみても、日本人がどうやってみたところで力ずくではとうてい追い出せないほど強力だ」と記述しているのを見ました。

ここで、何故鎖国に戻ることを認めないか、オールコック公使の論理を見ていきたいと思います。

先ず、オールコックは、通商条約など「東洋の君主が西側諸国の申し出た友情と同盟をよろこんでうけいれたためしはない」と断定します。

日本は列強の圧力により、開国せざるを得ない所に追い込まれましたが、その後日本はどの様にすればいいのでしょうか。

オールコックは日本のとる選択は次のようなものであると論じています。

「一方では当時の無防備な状態のままでも、思い切っていっさいの申し入れを是が非でも拒絶した方がよいとした。また、これよりも有力な反対派は、このように押し付けられた条約はうけいれておいて、実質的にこれを実行しないか、—中略—最低限度だけ条約を実施する、そしてその間にときをかせいで、海岸の防備を固め、抵抗の準備をねらうべきだと主張した」。

彼は日本が何故鎖国に戻れないかを次の論理で説明しています。

「〔西洋諸国、特にイギリスは〕東洋に大きな権益をもっており、日本はその東洋の前哨地である。われわれには維持すべき威信と帝国があり、さらに巨大な通商を営んでいる。**日本がこの通商の額を増大するために貢献できる程度は、大して考慮するにあたいしない**であろう。しかしながら、いったん日本と条約を結びながら、それ以上のいっさいの関係をやめて後退する—それも暴力と脅迫に屈して撤退する—ようなことができるかどうかは、不幸にも、日本だけのことを考えて決定しうる問題ではない。対日貿易などはなくてもよいであろう。かれらが供給している茶や絹などは、どこからでも手に入れることができる。—中略—しかしながら、—中略—**東洋におけるわれわれの威信というものは、—中略—ひとつの力である。恐怖とか弱さを見せることになるような行為や政策は、帝国全体の力と保全に悪影響をおよぼすと考えられる。**この帝国という連鎖の一環がわずかたりとも破られたり傷つけられたりするようなことがあれば、たとえそれが日本のように東洋のはてにある遠隔の土地で起こったとしても、連鎖全体にたいしてなんらかの危険と害をおよぼさずにはおかない」。

ではイギリスはどう対応したらいいか、オールコックは次の様に述べます。

「**力か圧力で強要した条約は、一般に同じ手段によってのみ保たれる**」。

現に下田、箱館の開港を約束した日米和親条約は、一八五四年三月三十一日（嘉永七年三月三日）ペリーとの間で米国の軍艦ポーハタン号の上で調印されましたし、一八五八年七月二十九日（安政五年六月十九日）、日米修好通商条約が同じくポーハタンの艦上で調印されています。ポーハタン号は長さ七七メートル、大砲を一六門搭載しています。文字通り「艦砲外交」です。

「力か圧力で強要した条約は、一般に同じ手段によってのみ保たれる」とは凄い言葉です。

そして英国は、「生麦事件」「薩英戦争」「馬関戦争」とその後の展開で、「力か圧力で強要した条約は、一般に同じ手段によってのみ保たれる」姿勢を示し続けていきます。

アーネスト・サトウ来日直前の日本の情勢、幕府要人への暗殺が続きます。

アーネスト・サトウ来日時は開国を巡り日本は大混乱の中です。桜田門外の変、坂下門外の変を見ればその深刻さが歴然としています。

アーネスト・サトウが来日する頃、最大の事件は当時の最高の実力者、井伊直弼が、江戸城の入口、桜田門の外で暗殺されたことです。

世界で様々な暗殺事件がありますが、通常、警備の薄い所を狙います。「桜田門外の変」の様に、①白昼、②政権の拠点（江戸城への入口）で、③政権の最重要人物を、④正攻法での攻撃するという劇的な事件はそうありません。

その１：「桜田門外の変」①、「桜田門外の変」は日本史上にどのような意義を持つでしょうか。勝海舟は「終に幕威地に堕ち、回復すべからず。惜哉」と幕府衰退の節目とみなしています。

高校の日本史の教科書は、「桜田門外の変」について、「安政の大獄の厳しい弾圧に憤慨した水戸藩の浪士達は井伊を江戸城桜田門外で暗殺した」とのみ書いています。

「桜田門外の変」は日本史上にどのような意義を持つでしょうか。

勝海舟は、江戸城無血開城の時、幕府軍の陸軍総裁となり、幕府内で無血開城を主張し、徳川幕府の崩壊に深く関与した人物です。

勝海舟は著書の中で、「桜田門外の変」に至る国内状況を次の様に記しています。

「外国の事起りしより、志士の議論日に盛んにして、その紛擾この時に至りて実に極まれり。しかれば、当事者の苦心、経営政機の運転に窘《くるし》む、論を俟《ま》たず」（「開国起源」、『勝海舟全集』）。

勝海舟は暗殺された井伊直弼を極めて高く評価しています。

「直弼この間に処し、その責全く一人に帰し、隻手狂瀾を挽回せんとす。その是非毀誉は姑《しばら》くこれを問ふを要せず。進で難衝に当り、一身を犠牲に供し、毫も畏避の念なく、鞠躬尽瘁《きっきゅうじんすい》以て数世知遇の恩に報せんと欲す」。

そしてその後の幕府の政治を厳しく批判しています。

「これより後、久世・安藤等の諸閣老、政柄を執り、群小比党、賄賂の風もますます盛んにして、務めて従前大老の非政を弥縫し、厳に激徒を糾察し、いよいよ天下の人望を失す」。

さて、歴史通の人は、勝海舟の井伊直弼評、「進で難衝に当り、一身を犠牲に供し、毫も畏避の念なく、鞠躬尽瘁以て数世知遇の恩に報せんと欲す」に賛成されるでしょうか。

これと反対の評価をしているのが最後の将軍、徳川慶喜です。

「〔井伊〕**掃部頭は断には富みたれども、智には乏しき人なりき。**しかしその動作何となく傲岸にして、人を眼下に見下すふうあり」（『昔夢会筆記』）。

政治家として最悪のパターンの人の評価と思います。最善でない政策を周囲の反対を押し切って行うのですから。後の将軍慶喜は安政の大獄での井伊直弼の強圧すぎる処罰に反対の立場で、「板倉周防守は評議の席にて掃部頭に向かい『―中略―この上は断獄も大抵になし給わんこそよけれ』といいしに、掃部頭は色を変じて座を立ちたるが、周防守はその翌日御役御免となりたり」と述べています（『昔夢会筆記』）。

私には将軍慶喜の評価の方が正しいように思えます。そうすると、勝海舟という人物も正しい判断を出来なかった人になります。

幕府は井伊直弼の政治を咎め、彦根藩は十万石減封されています。

そして勝海舟は「桜田門外の変」以降、幕府の権威はすっかり落ちたと慨嘆しています。

「顧うに桜田の奇禍は国家の大変にして嘆ずべきの至といえども、―中略―**依然旧轍を改めず、模稜姑息いよいよ衆怒を激し、その極終に幕威地に墜ち、回復すべからず。惜しいかな**」（『開国起源』、『勝海舟全集』）。

「桜田門外の変」に対する近現代の学者の考え方をも、見ておきたいと思います。

大江志乃夫氏は著書『木戸孝允』（一九六八年）に次のように記しています。

「井伊の暗殺は―中略―たんなるテロリズムではない。**白昼、武装した隊伍のなかに斬りこんで、**

――中略――幕府権力の弱体化を衆人の目にさらした事件である。もはや、幕府が、自分だけの力で立つことの不可能さをばくろしたのであった。それは、久世広周・安藤信正の二老中を中心とする幕閣による公武合体の推進というかたちをとってあらわれたことにしめされる」。

そして大江志乃夫氏は幕府の課題を次の様に記載します。

「いまや、雄藩の武にたいし、幕府の武が優位を保持するためには、公〔朝廷〕の権威を幕府にとりこむことが必要となった」。

「桜田門外の変」で幕府は舵を切りました。それは老中・安藤信正を中心とする公武合体論の推進です。公武合体論は朝廷（公）の伝統的権威と、幕府及び諸藩（武）を結びつけて幕藩体制の再編強化を図ろうとした政策です。朝廷の政治利用です。ここから、幕府と「倒幕派」は朝廷取り込みの攻防を繰り広げていきます。結局、最後は「玉を取る」、これを出来た方が勝利します。

当然、幕府が朝廷を取り込もうとする、久世広周・安藤信正主導の公武合体論は、「倒幕派」から攻撃を受けます。

そして井伊直弼を殺した「桜田門外の変」の後を引き継いだ老中・安藤信正が「坂下門外の変」に遭遇します。

アーネスト・サトウはこの時代をどう見ているかを『一外交官』で見てみます。

「日本は二百二十八年の間、かぎりなき泰平の夢をむさぼってきた。日本は、森の中に眠る美姫にも似ていた。**国家泰平の夢を守る役目の人々は、安眠をさまたげる蠅を扇で追うよりも容易な仕事をしていたのである。**姫の夢が、熱烈で旺盛な西洋人の出現によって破られたとき、年老いて耄碌した皺くちゃな番人どもは、その職責にたえられなくなり、周囲の情勢の変化に即応するため、もっと適任な人々に自分の席を譲らなければならなくなった」。

アーネスト・サトウは徳川幕府末期を、「年老いて耄碌した皺くちゃな番人ども」と評しています。

「桜田門外の変」②、「桜田門外の変」の展開はどれ位の時間がかかったでしょうか。僅か三分ばかりです。

「桜田門外の変」の現場近くには、長く事件の記念碑や解説の掲示板はありませんでしたが、観光振興策の一環でしょうか、多分、二〇一八年に、現場近くの堀横に千代田区が解説の掲示版を設置しました。「1860年（万延元年）の桜田門外の変は、彦根藩（現在の滋賀県）藩主で大老の井伊直弼が屋敷から登城中に水戸浪士に襲撃された事件です。」と記載してあります。

幕末には多くの人が殺され、襲われましたが、政治的な重要さから言って、最大級の事件が桜田門外の変です。

安政七年三月三日（一八六〇年三月二十四日）井伊直弼が桜田門外で水戸と薩摩藩の（脱藩）浪士に殺害されました。井伊直弼の大老時代に日米修好通商条約が調印（安政五年）され、その是非を巡る混乱が最大の原因です。

「桜田門外の変」はどのように展開したのでしょうか。

作家、山名美和子氏は著書「桜田門外の変」（『歴史読本』二〇〇一年八月号）の中で次のように記しています。

「**桜田門外に茶店を出していた商人の話によれば、先供が襲われてから大老の首級が挙がるまで、『鉈豆煙管で刻み煙草を二、三服吸うほどのあいだ』だったという。**もうひとり、杵築藩江戸居留守役の奥津某、松平大隅守の屋敷の窓から外を覗いていた。その談話によれば、襲撃から引揚げまで『時計三分ばかりで、いたって早く済んだ』という」。

彼女の記述の中に、ある意味、唐突に**杵築藩**が出てきました。

杵築藩は能見松平家の松平英親が豊後高田より移封され、九州の杵築の地を領しました。三万二千石の小藩です。倒幕の動きとも縁遠い藩です。杵築藩が「桜田門外の変」と関係するのは全くの偶然です。杵築藩は江戸における藩邸を、事件現場目前の現警視庁の地に得ていたのです。

杵築の地に関係文献がないかと探すと、久米忠臣編『桜田門外の変』（杵築市史談会刊行）がありました。

まず表紙に「当時、杵築藩邸は、桜田門の外、現在の警視庁の場所にあった。当日は節句の登城なので、美麗を尽くした正式の登城行列を見ようと、杵築藩士の多くは、桜田門に面した長屋の窓に顔を寄せて、今や遅しと待っていた。突如行われた大老—中略—への襲撃事件。驚く暇もなく、襲撃の浪士は走り去った。唯一の目撃者である杵築藩士の記録は、真実に近いと言われた」と書いてあります。そして、杵築藩に送られた「江戸状の写し」を記載しています。しかしこれは長く、現代文ではないので読みづらいので割愛し、同時に掲載されている漢学者小川弘蔵の聞き書きを紹介します。

「三月三日、桜田御門外の杵築藩松平親良邸の長屋下の通り、九時ごろであろうか。道路を「下に下に」の声が聞こえてきた。その様子を窺い見れば尾張公の登城である。登城が済み窓を開くれば、暁方よりの雪が僅かに積もっていた。程なく井伊大老様の登城の行列が見え、窓の外まで駕籠がやってきた。其のとき駕籠の近くで五六人の者が、赤合羽を着て駕籠の右の方を間近く見ていたが、先の一人が赤合羽をかなぐり捨てて、一刀を抜き放し、従士に切り掛り、引続き四五人が合羽をかなぐり捨てた。各々襷掛けにて、革胴を着し、小手を掛けていた。皆同じように家来に切掛ったが、その様子に恐れをなして、駕籠かきの六尺は、駕籠をかき捨て、家来も散々に逃げ延び、駕籠の左の方より、乱暴人五六人も、同じ福相《ママ》で切り掛け、―中略―家来は着ている雨具を取ろうとして、少し引下がり、ためらう間もなく、左右より駕籠の内へ白刃を突き通し、直ちに双方の戸を開くれば、右の方より大老が自分から立ち出ようとするように見えたが、猶引出して、何とか二言三言申して、首を打ち取るように見えたが、大老の勢いに狼藉者も憶《ママ》したのであろうか、漸く二三刀加えて、首級は落ちた。其の首級を刀にさし揚げ、「本望遂げたり」と叫びつつ其首級を携さえ、日比谷御門の方へ、一同が立ち去った。

後から大老の家来が追いかけ、斬り合いとなった」。

これが「桜田門外の変」です。

行列中央の井伊直弼の駕籠を襲い、路上に引きずり出して殺害し、首級をあげたのは、有村次左衛門です。有村次左衛門は元薩摩藩士。

「桜田門外の変」は多くの人は、水戸藩浪士の行動とみなされていますが、井伊直弼の首を取ったのは薩摩藩浪士です。ここに「倒幕」の運動の広がりを見ることが出来ます。

有村次左衛門は脱藩し（過激な行動をとる人々は藩に迷惑が掛からないようにとしばしば脱藩していま す）、水戸藩士と交流を深めていました。有村次左衛門はその後追跡してきた彦根藩士に斬られて重症を負い、自害しています。

この「桜田門外の変」は人物的に見ると、「生麦事件」につながっています。

有村次左衛門は薬丸自顕流の門下です。この門下には、生麦事件で英国人リチャードソンを斬りつけた奈良原喜左衛門もいます。更に、リチャードソンに、「今楽にしてやる」と言って止めを刺した海江田信義（武次）も薬丸自顕流の門下です。それ以上に、彼は有村次左衛門の兄なのです。

調べていきますと、生麦事件を起こした薩摩藩の藩士と、井伊大老暗殺とはさらにつながっていることがわかります。

大老井伊直弼を倒すため水戸藩士（浪士）と薩摩藩士の画策がなされていました。鹿児島にいる約四十名の者が、京都に出て、伊井大老と行動を共にする、関白九条尚忠と所司代酒井忠義を殺害することを考えていたのです。この中には維新の後、活躍する大山巌、西郷従道、松方正義等が名を連ねています。すでに生麦事件との関係で言及した奈良原喜左衛門、海江田信義もいます。

有村次左衛門は井伊直弼の首級をあげたあと、供回りだった彦根藩士に後頭部を斬り付けられて重傷を負い、自害しました。享年二十二。

「桜田門外の変」③、この桜田門外の変はどの様にして発生したのでしょうか。朝廷は条約の調印を認めず、逆に孝明天皇は水戸藩に攘夷推進を命じます。これに対し幕府は水戸藩を処分します。これが「桜田門外の変」を誘発していきます。

「桜田門外への変」は、水戸藩（浪）士が大老・井伊直弼を殺害した事件です。水戸藩（浪）士が、大老を襲った背景は複雑です。

たどっていくと、水戸藩という特殊性にぶつかります。

水戸徳川家は、尾張徳川家、紀州徳川家と並ぶ御三家です。従って幕府を支える役割があります。あわせて水戸学が盛んで、尊王思想が強い。朝廷は尊王思想が強い水戸藩に働きかけます。ここで、水戸藩は幕府側につくか、朝廷側につくかで藩が割れます。

複雑なので、整理してみます。

①幕府→朝廷：堀田正睦が安政五年一月八日（一八五八年二月二十一日）孝明天皇から条約調印の勅許を得ようと京都へ向かう。

②朝廷内　：安政五年三月十二日（一八五八年四月二十五日）関白・九条尚忠が朝廷に条約の議案を提出

③朝廷内　：同日、上に対し、岩倉具視や中山忠能ら合計八八名の堂上公家が条約案の撤回を求めて抗議の座り込み。

④朝廷→幕府　：孝明天皇は条約締結反対の立場を明確にし、二十日には参内した堀田正睦に対し

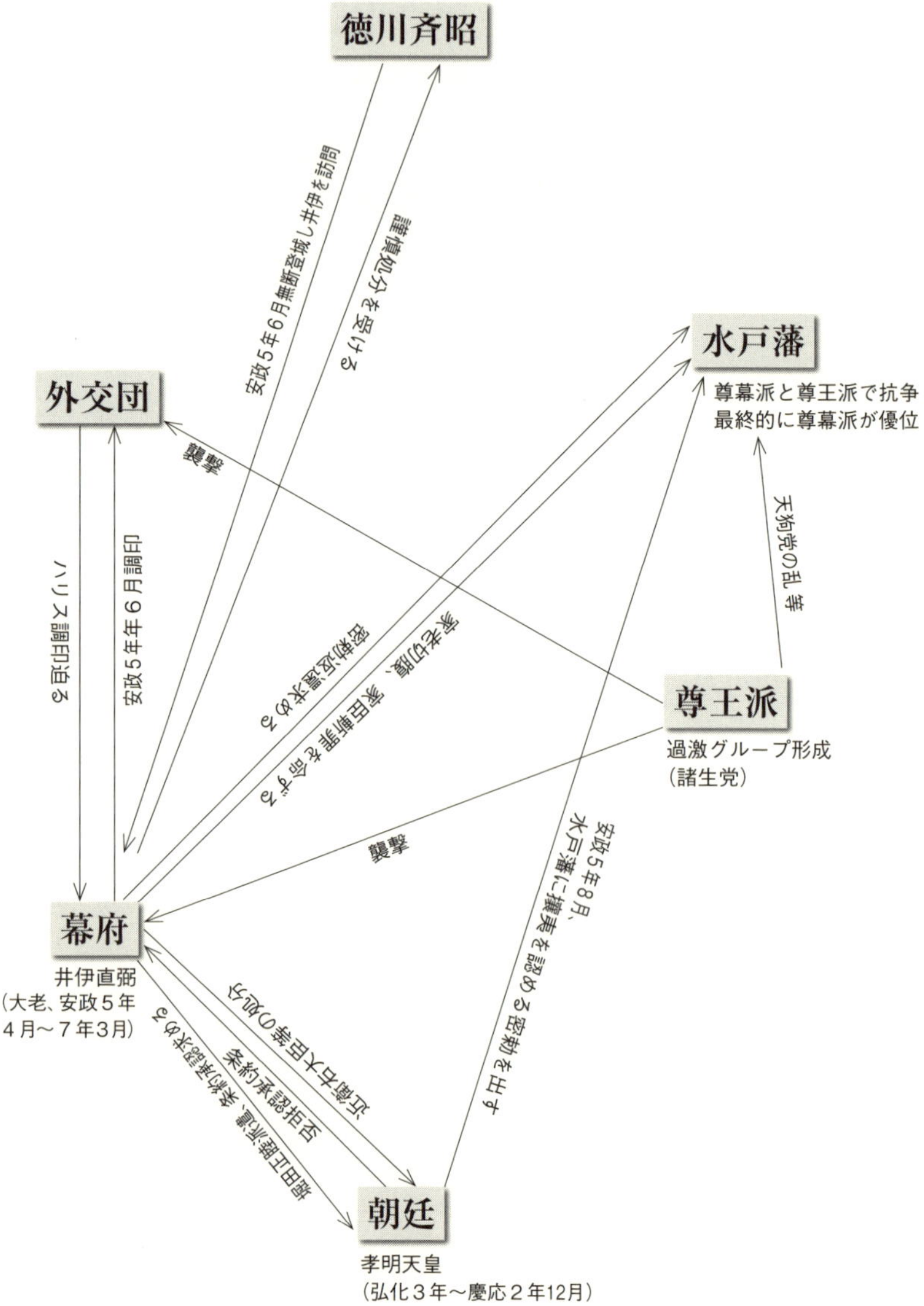
徳川斉昭
安政５年６月無断登城し井伊を詰問
謹慎処分を受ける
水戸藩
尊幕派と尊王派で抗争
最終的に尊幕派が優位
外交団
襲撃
ハリス調印迫る
安政５年６月調印
天狗党の乱 等
勅書返還求める
家老切腹、家臣斬罪を命ずる
尊王派
過激グループ形成
（諸生党）
襲撃
安政５年８月、
水戸藩に攘夷を認める密勅を出す
幕府
井伊直弼
（大老、安政５年
４月～７年３月）
近衛右大臣等の処分
条約承認拒否
堀田正睦派遣、条約承認求める
朝廷
孝明天皇
（弘化３年～慶応２年12月）

て勅許の不可を下す。

⑤幕府→朝廷：八八名の処罰。

⑥幕府→米国：**同年六月十九日（一八五八年七月二十九日）日米修好通商条約に調印。洋上には米国軍艦。**

⑦朝廷→水戸藩：同年八月八日（同九月十四日）、孝明天皇が水戸藩に勅書を下賜した（戊午《ぼご》の密勅と呼ばれる）。この中で、（1）勅許なく日米修好通商条約に調印したことへの呵責と、（2）幕府は攘夷推進の幕政改革を遂行せよと命令すると共に、この内容を諸藩に廻達せよと指示した。

⑧幕府→水戸藩：朝廷が密勅を出したことに対し、幕府は水戸藩が関係したとして、安政六年八月二十七日（一八五九年九月二十三日）家老安島帯刀の切腹を命じた。

こうして、処分を受けた水戸藩士は、激しく反発し、「桜田門外の変」を招きます。

「桜田門外の変」④、最後の将軍、徳川慶喜は、「桜田門外の変」への流れでどこが問題だとみなしているでしょうか。堀田正睦が勅許を求めたことです。「伺いを立てずに実施し報告する姿勢でよかった」と言っています。

慶喜の対談集に渋沢栄一編集『昔夢会筆記』があります。聞き手は渋沢栄一、阪谷芳郎（明治政府で大蔵大臣等歴任）等。

「阪谷：朝廷と幕府の間が面倒になったのは、やはり条約の勅許を幕府から請うたのがはじめでございますか。それより前に何か朝廷の方から干渉があって……。

〔慶喜〕公：それより前は、朝廷ではすべて政治のことは口をお出しならずにいればよい、口を出すと面倒だというので、―中略―まあ関東の方の希望だ。ところで、**井伊掃部頭、あの暴断が始まって志士を殺した。それで四方の志士が皆憤激したのだ。**―略―

阪谷：すると幕府の方から勅許を請うたのがはじまりで……。

公：―略―**関東へお任せになっている、お任せになっているのだから、ここは国を開かなければならぬといえば、国を開いてしまってよいのだ。国を開いてしまって、朝廷へこういたしたと言えばそれでよい。しかるところが幕府が弱かったのだね**」。

慶公の論理はもっともだと思います。

私は、『昔夢会筆記』の元将軍・徳川慶喜の回顧談とアーネスト・サトウの『一外交官』を読んで、驚くべき、かつ、これまで多分誰も述べていないことを発見したのです。両者の物の見方に実に多くの共通点があるのです。

片方は日本人、一方は英国人、片方は将軍、片方はまだ駆け出しの外交官。

アーネスト・サトウの『一外交官』でこの問題についての言及を見てみます。

「将軍は、自分の立場を強固にするためついに天皇に対して条約の裁可を請うの余儀なきに至った。**このように、将軍が天皇の権威を仰いだことは、従来の慣習を一変したものと言っても過言でない。**信長も秀吉も家康も、自分の行動に天皇の承認が必要だとは考えなかった。―中略―

条約の裁可の件で京都に伺いを立てたのは、将軍の権力が衰微したことを示す最初の微候であった。

―中略―

朝廷の貴族連中は、機を逸せず条約の裁可を妨害する態度に出たが、こうした妨害的態度は、常に個人及び党派の握る強力な武器になっているのだ」。

この本の幾つかの箇所で、アーネスト・サトウと慶喜の物の見方が同じであることに言及していきますが、今一つだけ見てみます。

アーネスト・サトウは天皇の政治的重要性を次の様に記述しています。

「当時〔一八六二年（文久二年）頃〕の諸外国の代表たちは、大君〔将軍〕を援助して天皇と大名から成る攘夷派に対抗させ、もし必要ならば大君を単なる封建的支配者たるにとどめず、それ以上の支配者にしようと考えていたらしい。―中略―

外国人の有した日本歴史の知識では、日本の内乱の場合に、天皇の身柄と神器を擁することのできた側に常に勝利が帰したという事実がまだわからなかったからだ」。

アーネスト・サトウが「諸外国の代表達」と述べているのは、自分の上司、オールコック公使も含まれているのです。

鳥羽・伏見の戦いの後、フランス公使はすでに将軍職を辞している徳川慶喜に戦うことを勧めますが、慶喜はこれを断り、「日本の国体は他国と異なり、たとえいかなる事情ありとも、天子に向かいて弓ひくことあるべからず。―中略―予は死すとも天子には反抗せず」と回答しています（『昔夢会筆記』）。

倒幕側は徹底的に「錦の御旗」を利用しました。

1. 宮さん宮さんお馬の前にヒラヒラするのは何じやいな
トコトンヤレ、トンヤレナ
あれは朝敵征伐せよとの錦の御旗じや知らないか
トコトンヤレ、トンヤレナ

2. 一天萬乗の帝王に手向ひする奴を
トコトンヤレ、トンヤレナ
覗ひ外さず、どんどん撃ち出す薩長土
トコトンヤレ、トンヤレナ

3. 伏見、鳥羽、淀、橋本、葛葉の戰は
トコトンヤレ、トンヤレナ
薩土長肥の　薩土長肥の合ふたる手際ぢやないかいな
トコトンヤレ、トンヤレナ

4. 音に聞えし關東武士どつちへ逃げたと問ふたれば
トコトンヤレ、トンヤレナ
城も氣慨も捨てて吾妻へ逃げたげな
トコトンヤレ、トンヤレナ

5. 國を迫ふのも人を殺すも誰も本意ぢやないけれど
トコトンヤレ、トンヤレナ

薩長土の先手に手向ひする故に
トコトンヤレ、トンヤレナ
6. 雨の降るよな　鐵砲の玉の來る中に
トコトンヤレ、トンヤレナ
命惜まず魁するのも皆お主の爲め故ぢや
トコトンヤレ、トンヤレナ

これを聞くと、才能の豊かさを感じます。プッチーニ作曲、歌劇「蝶々夫人」に旋律が引用されていると言われていますが、そうでしょうか。

作詞が品川弥二郎であるのは定説です。作曲者は、大村益次郎とも祇園芸者君尾とも言われていま す。君尾は近藤勇に口説かれた際に、「禁裏様のために尽してくださるお方でなければいや」と突っぱねたと言われ、その辞世の句は「白梅で　ちよと一杯　死出の旅」。

「宮さん宮さん」は幕府と倒幕の戦いの中で、「玉を取る」ことの重要性を示しています。

そして、そのことを、アーネスト・サトウも将軍徳川慶喜も十分認識しています。

幕末、「倒幕」、「佐幕」の対立する中で、アーネスト・サトウと慶喜は類似した考えを持っています。

アーネスト・サトウは、慶応三年十二月七日（一九六八年一月一日）頃、つまり、大政奉還から王政復古の間の時期に、次の動きをしようとしています。

「京都へ長官〔英国公使〕を連れて行って、**相抗争する両派の間を調停させ、日本人同士が互いに**

共倒れになるのを防止しようという計画を立てた。そこで、西郷や後藤に会って必要な手段を講ずるために、長官に先行して伏見へ行くことにしたいと申し出たのだが、—中略—京都の情勢があまりにも急速に進展したためだめになってしまった」(『一外交官』)。

そしてこの当時、アーネスト・サトウの慶喜の考えについては「大君〔将軍〕としては、絶対に戦争を欲せず」「**大君としては平和保持のためには進んでいかなる犠牲にも応ずる覚悟であるように思われる**」と記している(『一外交官』)。

内乱にしない、戦争にしない、これはアーネスト・サトウと慶喜に共通の考えです。

「桜田門外の変」⑤、安政の大獄、相手を力で押さえつけようとすれば反発が起こる。安政の大獄と「桜田門外の変」はまさにその関係です。

雑誌『フォーブス』が毎年行っている「世界で最も影響力のある人物」のリストで、プーチン・ロシア大統領は二〇一七年まで四年連続一位でした。米国の映画監督オリバー・ストーンがこのプーチンにインタービューをして、それを『オリバー・ストーン　オン　プーチン』という本にしていますが、その中で次の様に述べています。

「『窮鼠猫を嚙む』という有名なことわざがある。ネズミを追い詰めてはいけない。—中略—誰かを袋小路に追い込んではならない」。

安政の大獄と「桜田門外の変」はまさにその関係です。

井伊直弼は勅許を得ずに日米修好通商条約を調印しました。徳川幕府が鎖国をした時には朝廷の「勅許」を得てはいません。だから開国にも「勅許」は必ずしも必要でないとする論法です。更にハリスの圧力は強く、開国しなければ米国軍艦が攻撃する恐れが存在していました。

この井伊直弼の対応に、「尊王攘夷」側は二つの行動をとります。

一つは徳川斉昭等の無許可の江戸城への登城（将軍継嗣問題と日米修好通商条約の無勅許調印に反対する目的と見られている。斉昭は登城前、「調印いたし候儀は、御違勅に付、今日は掃部頭（井伊直弼）に腹切らせ申さずでは退出致さずとて大音に御罵りなされ……」という態度をとっていたとの説があります）、今一つは朝廷側が水戸藩に攘夷を認める密勅の発出です。

安政五年八月八日（一八五八年九月十四日）に孝明天皇が水戸藩に勅書（勅諚）を下賜しました。内容は、①勅許なく日米修好通商条約を調印したことへの呵責と、②幕府は攘夷推進の幕政改革を遂行せよとの命令で、③それを水戸藩が諸藩に廻達せよという副書が付されました。

こうした動きに幕府は極めて厳しい対抗措置をとります。**幕府は、勅書を受け取った水戸藩家老の安島帯刀等を死罪にします。**

安島帯刀は漢詩、和歌に造詣が深く、切腹する前の歌です。

「玉の緒の　たゆともよしや　君々の　かげの守りと　ならんと思へば」

「草に置く　露の情けも　あるものを　いかにはげしく　誘ふ嵐ぞ」

ここから水戸藩内は「尊幕派」と「尊王派」で抗争が起こります。

徳川体制の中では御三家の水戸藩では、究極的には当然「尊幕派」が勝利します。敗れた「尊王攘夷派」は戦うには過激な行動をとるしかありません。それが「桜田門外の変」等になっていきます。

「桜田門外の変」⑥、伊藤博文（明治政府初代総理）もこの当時強烈な攘夷派に属し、「安政の大獄」で殺された吉田松陰の亡骸を桂小五郎（木戸孝允）等と共に引き取りに出かけています。

「安政の大獄」で多くの人が死罪になっています。その中に吉田松陰がいます。『伊藤博文伝』（春畝公追頌会編、一九四〇年）を見てみます。

「恩師吉田松陰は、幕府の法廷に於て、―中略―外国密航を企てし科に依り蟄居中の身分なるに、―中略―一死殉国の覚悟を以て老中間部下総守の駕籠に近寄り建議を強訴せんと企て、且つ梅田源次郎（雲浜）に面会したる等不届きに付、死罪申付くる旨の宣告を受け、即日伝馬町の牢内にて処刑せられた。―中略―

獄吏は、―中略―一箇の桶を出して渡した。―中略―首は胴体を離れ、乱れし髪は顔に懸り、衣裳は剝がれ、裸体の儘斑々たる血潮に染まつてゐた。―中略―桂〔木戸孝允〕は襦袢を脱ぎ、―中略―公〔伊藤〕は帯を解きて、それを結び、その上に首を載せ、持参せる大甕に納め、―中略―回向院内に葬り―略―」。

実はこの時期、吉田松陰と、その門下との間に対立が生じています。大江志乃夫著『木戸孝允』を見てみます。

「〔長州藩では〕周布派が政権をとったのち、松門の青年たちは、はじめて水をえた魚のように、遊学を許され、萩をとびたっていった。その九月、老中間部詮勝は京都にのりこみ、―中略―在京の志士狩りをはじめていた。松陰は激し、間部襲撃を計画する。―中略―

松陰の計画におどろいたのは、門下の高杉らであった。江戸にいた高杉、久坂らは、松陰に諫止の手紙を送るとともに、小五郎にも松陰の行動を抑えるようにたのんだ。しかし、松陰はきかない。

江戸居の諸友、久坂、中谷（正亮）、高杉なども皆僕と所見が違う。その分かれるところは、僕は忠義をする積り、諸友は功業をなす積り」。

「僕は忠義をする積り、諸友は功業をなす積り」は痛烈な言葉です。

こうした中で、吉田松陰の亡骸を、木戸孝允と伊藤博文が引き取りに行きました。

吉田松陰の言葉は、後、「禁門の変」での久坂らの行動に大きい影響を与えることになったと思います。

伊藤博文や、木戸孝允ら明治の元勲たちは、「安政の大獄」頃から倒幕につながる動きに参画しているのです。

伊藤博文や木戸孝允らが「倒幕」に成功したのは、「桜田門外の変」から続く、多くの「捨て石」があったからです。「捨て石」とみなされるような人々の動きが幕府を揺さぶり、池に石を投げたように波紋が広がっていったのです。

その2：英国公使館焼き討ち　英国公使館焼き討ちに伊藤博文や木戸孝允が参画してます。

伊藤博文や木戸孝允が行動を起こしたものに、文久二年十二月十二日（一八六三年一月三十一日）御殿山で建設中の英国公使館焼き討ちがあります。

御殿山は、品川にある高台です。太田道灌が江戸城に入る前居住していた地です。徳川家康が江戸城に入ってからは、御殿山城は「品川御殿」と呼ばれ、歴代将軍鷹狩の休息所として、また幕府重臣を招いての茶会の場として利用され、桜の名所として有名でした。

ここに英国、フランス、オランダ、アメリカに与えられ、公使館がつくられることになったのです。英国公使館は、設計は英国、費用は日本持ちです。

「二階建ての洋館で、—中略—大変見事な材木が工事に使用され、部屋はいずれも宮殿にみるような広さをもっていた。床は漆塗りで、壁面には風雅な図案を施した日本紙が張られていた」、そういう素晴らしい建物だったようです（『一外交官』）。

ただしアーネスト・サトウは「こうした場所に外国人が居住するのを日本人がきらっていることは、われわれにもわかっていた。役人や武士の階級は、台場の後方を見渡せる、こんなにも見晴らしのよくきく場所に外国人を住まわせることに反対していたし、**一般庶民も、以前自分たちの遊楽地であったこの場所が『外夷』の居住地に変わるのを憤慨していた**」（『一外交官』）。

「攘夷」が沸き上がってきている時に、由緒ある、人々の行楽の場所を、公使館にする幕府側の識見のなさには驚きます。

ただ、こんなに素晴らしい場所に外国人を住まわせることに強い反対があり、幕府は周囲に深い壕を掘り、内側に高い木柵を設けていました。

文久二年十二月この英国公館は焼き討ちに遭いました。これに参加したのが、高杉晋作、久坂玄瑞、井上馨、伊藤博文等です（『維新風雲録』）。

彼らは決行前、井上馨の馴染みの旅籠屋相模屋（食売旅籠）に集結しています。「桜田門外の変」や「坂下門外の変」では、攻撃した人々はすべて殺害されていますが、罪の追及はありませんでした。幕府の力の凋落を示した事件です。

この参加者はその後、異なった道を歩みます。

隊長・高杉晋作については、英国公使館焼き討ち後、長州藩は幕府を刺激することを恐れ、彼を江戸から召還します。第一次長州征討時、長州藩は幕府への恭順を受け入れる勢力が優勢となったのを、高杉晋作は武力で制圧し、藩の実権を握ります。第二次長州征討時、幕府軍を破ります。慶応三年四月十四日（一八六七年五月十七日）肺結核で死去。享年二十九（満二十七歳で没）。

副将・久坂玄瑞は禁門の変で自害。享年二十五。寺島忠三郎は久坂と共に自害、享年二十一。

久坂玄瑞の絶世の句は「時鳥《ほととぎす》 血になく声は有明の月より他に知る人ぞなき」

赤禰武人は高杉晋作が武力で立ち上がるのに反対し、裏切りとみなされ処刑されます。

井上馨、伊藤博文、品川弥二郎は明治政府の重鎮となります。

その3：「坂下門外の変」①、「坂下門外の変」、約四〇名屈強の護衛がつく中、坂下門外で老中・安藤信正の駕籠が襲われ、安藤信正は傷を負います。こんな大胆不敵な暗殺計画はまずありません。

「坂下門外の変」は、文久二年一月十五日（一八六二年二月十三日）に、江戸城坂下門外にて、尊攘派の水戸浪士六人が老中安藤信正（磐城平藩主）を襲撃し、負傷させた事件です。

「桜田門外の変」は大胆不敵な襲撃事件でした。

しかし、「大胆不敵さ」という点では、「坂下門外の変」の方が、「桜田門外の変」より凄いでしょう。

「桜田門外の変」は江戸城のごく近くですが、城内ではありません。しかし、「坂下門外の変」は、もう城内です。

更に、「坂下門外の変」の時には、「桜田門外の変」の後だけに、物々しい警備がなされています。その警備の中で暗殺計画が実行されました。

テロには二種類あると思います。一つは攻撃が成功し、実行犯も生きて帰るケース、今一つは攻撃の成否はともかく、生還することは不可能なケース。

「桜田門外の変」では実行犯は現場から去ることが出来ました。「坂下門外の変」は現場で殺傷されています。

坂下門の位置を見ておきたいと思います。

今日、警視庁の方から、桜田門の方に入っていくと、広大な皇居外苑が広がります。この情景は江戸時代では異なります。江戸時代には二重橋に近い部分に、歴代の老中が住む屋敷がありました。これを北に進むと、坂下門に着きます。坂下門は今日では宮中に入る門です。江戸時代は西丸御殿に通じていました。文久二年一月十五日、ここで襲撃事件が起こりました。

大老井伊直弼が桜田門外で殺害されてから、老中の安藤信正が政権を担います。この安藤信正が標的でした。斎藤伊知郎著『坂下門外の変』を見てみます。

「〔老中・安藤〕信正の行列が藩邸を出ると、下馬札前には諸侯数千の供の馬や箱合羽籠や槍などが山をなしごったがえしていた。

行列はこの雑踏を縫うようにして駆け足を始めたところへ、―中略―群衆の中から―中略―一人の武士が、訴状を捧げて飛び出してきた。駕籠の右側に供をしていた刀番の小薬平次郎が近寄って訴状を受けとろうとする。武士は、小薬の手を払いのけ、やにわに短銃をとり出して信正の駕籠を狙撃した。坂下門事変襲撃の合図である。―中略―

轟然一発の銃声を身近かに聞いた信正は、駕籠の窓を開き「狼藉者を取押えよ」と命じた。身をひそめていた要撃組は駕籠の右と左から突き進んできた。―中略―水戸浪士の平山兵介は―中略―信正の駕籠をうしろから決死の勢で一刀を貫いた。―中略―切先は信正の背部に突き傷を負わせたのみだった。―中略―

平山が駕籠を刺すと同時に、水戸浪士の高畑総次郎も遅れじと駕籠の左手より死にもの狂いで刺して来た。大小姓の村上幸之進と同じく大小姓の竹尾文蔵が飛び込んで高畑を斬って遮った。―中略―

襲撃隊が一人のこらず倒れたのを見届け、血刀を提げた信正は、小薬平次郎を随えて門内に入り、大番所で遭難の顚末を記し、若年寄と目付役に届けさせ、鮮血が衣装を汚し将軍に拝謁して賀詞も述べることができないと傷治療のため、帰邸した。―中略―

信正は背部に三太刀のかすり傷にすぎなかった。しかし、その政治生命に、どうすることもできない深傷を負わされていた」。

事件当日夜十時、二人の外国奉行が横浜にいる英仏公使に、事件の模様を詳細に説明しています。オールコック英国公使は老中安藤信正を「締結した条約から必然的に起こってくる急務を公正かつ妥当に見ようとする気持ちがもっとも強く、〔日本と外国との関係を〕その立場の許すかぎり―中略―好意的な基礎の上に置こうと、もっとも強く望んでいた」（『大君の都』）と高く評価していました。

外国奉行と両公使の会談は真夜中まで続きます。この後、外国人居留地に火事が起き、火事は数時間続きます。オールコックは次の様に書いています。

「日本の警吏のような服装をした数名の者が最初火を隣接する家々に拡めようとけんめいにやっているところをアプリン大尉が見つけた」。

横浜での外国人居留地への放火は多分「攘夷」過激派の行動でしょう。

「坂下門外の変」②、何故、老中安藤信正が狙われたのでしょうか。

「何故、老中安藤信正が狙われたのか」、井伊直弼のケースとは異なります。井伊直弼は水戸藩の家老などを死罪に追い込みました。水戸藩士の中に強い私恨があります。安藤信正のケースでは、水戸藩士の私恨を招く様なものはありません。

水戸藩士達は、犯行に際し、「斬奸趣意書」を作っています。簡単に内容を紹介します。

「大老井伊の斬害で、幕府は悔心するであろうと身命を賭したが、その後幕府側に何ら悔心する様子がない。安藤対馬守は悔心しないだけではなく、大老・井伊より奸智に長けている」「**和宮の御結婚についても、公武合体の様相を示してはいるが、和宮を利用して〝外夷〟との交易を許可する勅令を得ようとしている**」。

「さらには現天皇の廃位すら企んでいる」。

「幕府が傲慢失礼の外夷を疎外し、尊王攘夷を守る策をとることを訴える」（筆者が現代文に意訳）。

興味深いのは、まだ「倒幕」を掲げていません。安藤信正という奸臣を除くことによって、幕府をあるべき姿に戻そうとするものです。

和宮の降嫁を安藤信正だけの責任とするのは実は酷で、この婚礼は朝廷の勅により行われています。その一部を抜粋します。

「第一皇国一心一同に相成らず候ては、**蛮夷圧倒し難き儀にて候間**、まず闔国中一和の基原立てたき叡慮につき、**願ひの通り皇妹大樹に配偶**、公武御合体宇内に表され候て」（勅）。

文久二年二月十一日（一八六二年三月十一日）、和宮と家茂の婚礼が行われました。

この結婚は政略結婚であることには、何の疑いもありません。しかし、ほっとするのは、この結婚が二人には幸せをもたらしていたようなことです。

家茂は第二次長州征討時、大坂城で病に倒れ満二十歳で亡くなりました。

徳川家茂がこの長州征討のために上洛の際、凱旋の土産は何がよいかと問われた和宮は、西陣織を所望したと言われています。しかし大坂城で亡くなったので西陣は、形見として和宮の元に届けられました。

その時和宮は「**空蟬の　唐織り衣　なにかせん　綾も錦も　君ありてこそ**」の和歌を詠んだとの言われ、この西陣織は増上寺に奉納され、「空蟬の袈裟」として今日まで伝わっています。

なお、アーネスト・サトウは『一外交官』の中で、「旗本の間に秘密の回状がまわった。それは、**慶喜を責むるに前将軍家茂の毒殺をもってし、――中略――という檄文であった**」と記載されています。

「坂下門外の変」③、「坂下門外の変」は水戸藩士の行動ですが、木戸孝允（当時の名前、桂小五郎）、伊藤博文も間接的に関係しています。

「坂下門外の変」では水戸藩浪士ら六名が決行しました。水戸藩浪士・川辺左次衛門も計画に参加していましたが、遅刻したため襲撃に参加出来ませんでした。

では川辺左次衛門はその後、どういう行動をとったのでしょうか。

彼は長州屋敷の木戸孝允（当時の名前、桂小五郎）を訪ね、そこで割腹自殺をさせてくれと頼みます。木戸孝允は「将来国の為に命を棄つ時がある」として、酒肴を出して慰留に努めます。食事を与えて席を立っている間（注、木戸が屋敷にいる間に自害されれば、木戸の関与に疑義が出ます。木戸には外出することによって、木戸自身への罪を軽減する狙いがあったとみられています）に自害しました。「腹を切て咽喉を横に貫ぬいて鍔元まで差し通して伏て、未だ絶命に至つて居らなかった」状態を、伊藤が面倒を見ています。この件で木戸孝允と、伊藤博文は北町奉行で取り調べをうけています」（『維新風雲録』）。

「坂下門外の変」は水戸藩士の動きですが、背景には、水戸藩と長州藩が一体として動こうという流れがあります。この点について大江志乃夫氏は『木戸孝允』の中で次を指摘しています。

「水戸藩士と小五郎らの間には、破成の密約が結ばれていた。つまり、水戸がわが現体制の破壊、長州がわがそのあとの建設をひきうけるというのである。前年〔文久元年〕十二月、水戸藩の情勢はこれ以上の遷延を許さないとして蹶起が主張されたが、小五郎は時機尚早をとなえてこれに反対した」。

そして年をこえた一月十四日、水戸藩の平山兵介は「いよいよ明日となりました」と手紙を託しています。

平山兵介が坂下門外で老中安藤信正を襲い死亡したのが二十二歳。

木戸孝允は水戸藩との交流を持ち、信頼もされていたのです。

「坂下門外の変」④、この当時の風潮であれば、「坂下門外の変」の人々と関係していた木戸孝允（桂小五郎）は死罪を求められても不思議はないのです。何故幕府はこれを求めなかったのでしょうか。

「坂下門外の変」では水戸藩浪士ら六名が決行しました。水戸藩浪士・川辺左次衛門も計画に参加していたが、遅刻したため襲撃に参加出来ず、木戸孝允（桂小五郎）を訪ね、ここで自刃しました。

川辺左次衛門が自刃の場所に長州藩邸を選んだのは、木戸（桂小五郎）は自分達の同志という意識があるからです。

幕府側から見れば、「木戸は川辺を捕まえ、幕府に差し出すべきなのにそれをしなかった」となります。

更に、水戸藩の平山兵介は「いよいよ明日となりました」と手紙を託している状況ですから、「坂下門外の変」の人々と木戸孝允（桂小五郎）には密接な関係があることがわかります。

この時代の流れから言って、木戸が連座し、死罪になる可能性は十分ありました。

何故、死罪にならなかったのでしょう。

倒幕の歴史の中で、長州は常に先頭を切っています。ですが、この時期だけは一寸異なっていたのです。

当時長州藩に長井雅楽という人がいました。藩主・毛利敬親（慶親）の小姓、奥番頭で敬親から厚い信任を受け、敬親の世子である毛利定広の後見人になります。そして安政五年（一八五八年）、長州藩の重役である直目付となっています。

彼が「航海遠略策」を藩主に建白し、これが藩論となります。長井の主張は次の様なものです。

「朝廷が頻りに幕府に要求している破約攘夷は世界の大勢に反し、国際道義上も軍事的にも不可能である。

そもそも鎖国は島原の乱を恐れた幕府が始めた高々三百年の政策に過ぎず、皇国の旧法ではない。しかも洋夷は航海術を会得しており、こちらから攻撃しても何の益もない。

むしろ積極的に航海を行って通商で国力を高め、皇威を海外に振るって、やがて世界諸国（五大洲）を圧倒し、向こうから進んで日本へ貢ぎ物を捧げてくるように仕向けるべきである。

そこで朝廷は一刻も早く鎖国攘夷を撤回して、広く航海して海外へ威信を知らしめるよう、幕府

へ命じていただければ、国論は統一され政局も安定する（海内一和）ことだろう」（原文は、『防長回天史』第三編上第七章長井雅楽の周旋に記載）。

つまり、幕府の進める開国を擁護する見解です。

長井雅楽は文久元年（一八六一年）三月に、藩主毛利敬親に建白します。この見解を、当時長州藩での実力者周布正之助が承認します。藩議を経て、藩の見解となります。

長井は藩の指示を得て、文久元年、五月、権大納言正親町三条実愛に面会し、航海遠略策を建言します。

更に、**長井は文久元年七月二日老中久世広周、八月三日に老中安藤信正に面会します。**幕府にとっては渡りに船の論です。こうして**この時期、例外的に幕府と長州藩は融和関係にあったのです。**

ここで「坂下門外の変」が起こりました。文久二年一月十五日（一八六二年二月十三日）です。幕府は、木戸（桂小五郎）や伊藤博文を咎め、無用な緊張を作るのを得策でないと判断した様です。

さて、長州藩にあって、西洋諸国との和解を説いた長井雅楽はどうなったでしょうか。

坂下門外の変で幕府老中の安藤信正や久世広周らが失脚すると、長州藩内で攘夷派が勢力を盛り返します。長井雅楽への排斥運動が激しくなり、雅楽は切腹を命じられます。

彼の辞世の句は次のようなものです。

「君がため　捨つる命は惜しからで　ただ思はるる　国のゆくすえ」。

この時代の長州藩での理論的支柱は吉田松陰と長井雅楽です。吉田松陰は松下村塾を持ち、多くの門下生を出しました。長井雅楽には直接的な後継者はいません。しかし、吉田松陰の説く「攘夷」は排され、「まず通商を行って国力を増し、やがては諸外国を圧倒すべし」という長井の考えは、長州藩が主軸になった明治政府の基本理念となっていきます。

では一時期、長井の開国論「航海遠略策」を支持した周布政之助はどうなったのでしょうか。藩の動静を見て、開国論から、攘夷論に移ります。

しかし長州藩士は次第に激化し、禁門の変を起こします。禁門の変や第一次長州征討に際し事態の収拾に奔走しましたが、次第に椋梨藤太ら反対派（幕府への恭順派）に実権を奪われます。元治元年（一八六四年）九月、責任をとって切腹します。

「坂下門外の変」⑤、東京都千代田区三番町に「この地にて、伊藤博文（明治政府初代首相）が塙忠宝（次郎）を斬殺」という記念碑があったらどうでしょうか。

江戸時代「番町で目明き盲に道を聞き」という川柳がありました。ここで「盲」と言われたのは塙保己一です。この塙保己一は『群書類従』の刊行を行うという大事業を成し遂げています。「道を聞き」は道路案内だけでなく、学問の道をも意味しています。

かつて千代田区三番町二四には、「塙保己一和学講談所跡」の標柱がありました。

しかし、もし、この標識が「**この地にて、明治初代首相伊藤博文が幕末、塙保己一の息子塙忠宝を暗殺**」となると、訪れる人もあるのでないでしょうか。

「坂下門外の変」に関連して、伊藤博文は一段と過激な行動をとりました。

すでに「坂下門外の変」に関与した人々が、「斬奸趣意書」を書いたことを紹介しました。この中に、**「天子之御譲位を奉醸候心底ニて既ニ和學者共へ申付廢帝之古例を爲調候」**という記述があります。つまり、幕府は、孝明天皇を廃位させるために、学者に故事を調べさせたと指摘してます。これから、伊藤博文が塙次郎を殺害する点に関して『伊藤博文伝』（春畝公追頌会編）の記述を見てみます。

「安藤信正を坂下門外に要撃し激徒の斬奸状に、廃帝の故事を取り調べたる一箇条ありしが、その取調の任に当りし者は、国学者塙次郎なることが判明した。ここに於て、公は、まず国学入門と称し、塙を麹町三番町の住宅に訪ね、その面貌を見定め置き、文久二年十二月二十一日の夜、塙が他所よりの帰宅を待受け、その住宅付近に於て国賊と呼びかけ、これを斬殺した。」

塙次郎は、盲人の国学者塙保己一の四男塙忠宝で通称名が「次郎」です。

塙次郎は十二月二十一日、幕臣中坊陽之助邸（駿河台）で開かれた和歌の会から帰宅したところ、自宅兼和学講談所の前で知人の加藤甲次郎と共に何者かに襲撃され、翌日死去しています。

この時期、水野忠徳（文久二年七月まで外国奉行）は、「朝廷が攘夷説を固執するなら、攘夷派を軍事力で粉砕」という考えを持っていました。小栗忠順・川路聖謨なども同意見とみなされています。そして文久元年十二月久世広周・安藤信正両老中が千種有文・岩倉具視に提出した誓書には、「条約の破棄は外国において承知するはずなく、それをあえてして、万一、戦端が開かれれば、『―中略―皇居御安全も難計』」と記述しているのです（石井孝著『学説批判　明治維新論』）。

この時、参照にされた故事が承久の乱（後鳥羽上皇が鎌倉幕府執権の北条義時に対して討伐の兵を挙げて敗れた兵乱）です。**塙忠宝が徳川幕府に孝明天皇を廃位させる根拠を与えたとして、伊藤博文は塙**

忠宝を暗殺したのです。

「坂下門外の変」に関連して、伊藤博文は一段と過激な行動をとりました。

「坂下門外の変」⑥、テロリストと国家の指導者、伊藤博文は幕末時代、確実にテロリストです。テロリスト伊藤博文は初代総理大臣であっていいのでしょうか。

二十一世紀初頭から、国際社会の課題は「テロとの戦い」でした。

私はこの言葉には何か合意できないものを感じていました。

伊藤博文を見てみましょう。

伊藤博文は、文久二年十二月十二日（一八六三年一月三十一日）、品川御殿山で建設中の英国公使館焼き討ち事件の実行犯です。この点はアーネスト・サトウも知っていて、「その後幾年かたって、最も確かな筋から、放火の犯人は主として攘夷党の長州人であったということを聞いた」と書き、更に、その中に総理大臣伊藤伯と井上馨伯がいると書いています。（『一外交官』）

そして、同年同月二十二日（一八六三年二月十日）、学者・塙忠宝を暗殺しました。

伊藤博文がテロリストであったことは間違いありません。

そして、明治十八年（一八八五年）、初代の総理大臣となります。初代の総理大臣がテロリストです。

しかし日本国内で、伊藤博文はテロリストであったから総理大臣にふさわしくなかったという議論はあまり聞きません。

それは、「倒幕」という行動が正しいものであり、この正しい行動のためには、テロ行為も容認されるというものでしょう。

では、世界で、外国軍に支配されている国で、テロ行為に走った時、その政治目的は、「倒幕」以上に低いものでしょうか。

世界の「テロとの戦い」では、行為そのものが「悪」で糾弾されるべきとしています。

しかし、その立場は、伊藤博文を最初の総理大臣として容認するなら、何か欠如しています。それは、テロリストがその行為によって達成しようとしている政治目的が一切、考察されない所にあります。

その4：米国外交官ヒュースケンの暗殺①、ヒュースケンとはどういう人物なのか。

アーネスト・サトウは一八六二年九月（文久二年八月）英国公館の日本語通訳官として横浜に来たことはこれまでに見てきました。

アーネスト・サトウより前に、米国の総領事館で通訳として働くことになるヘンリー・ヒュースケンは、総領事タウンゼント・ハリスと共にサン・ジャシント号で一八五六年八月二十一日（安政三年七月二十一日）に下田に来ました。

米国外交官ヒュースケンは一八三二年生まれのオランダ人です。

江戸時代日本での西側との接触はオランダ語であったので、彼が任命されました。

ハリスの片腕となって日米通商条約の談判に通訳として臨んでいます。

庭野吉弘氏は『東日本英学史研究第10号』の中で「ヒュースケンという人物」を寄稿し、そこで「日本に滞在中にヒュースケンが関係を持ったとされる女性には、お福、おきよ、おまつ、おつる、そして芝浦の万清茶屋のお里（こちらはヒュースケンの淡い恋心だけ、とも考えられているが）などがいる」と書いています。従って日本社会に溶け込み、日本語の能力を高め、当時江戸、横浜にいた外国人に重宝されます。

この当時、ヒュースケンは江戸で最も目立つ外国人でした。当時乗馬は武士にのみ許される特権でしたが、ヒュースケンは江戸市内を馬で出歩いています。

この時期、プロイセン王国使節団が日本との国交樹立の交渉を行っています。彼等は日本語を話せるヒュースケンを貸して欲しいとハリスに求めます。

この彼が、一八六一年一月十五日（万延元年十二月五日）にプロイセン王国使節宿舎であった芝・赤羽接遇所（港区東麻布）からアメリカ公使館が置かれた善福寺への帰途、芝・薪河岸（港区三田）の中乃橋の北側で攘夷派の一団に襲われ、腹部を深く斬られて翌日死去しました。

ヒュースケンの暗殺②、ヒュースケンの暗殺に関心を持った人がいます。永井荷風です。

永井荷風は一九四六年の作品、「墓畔の梅」に次のように書いています。

「わたくしは読下の際、光林寺葬送当日の光景は、もしわたくしにして、**之を能くすべき才能があつたなら、好個の戯曲、好個の一幕物をなさしむに足るべきやうな心持がした。**顧れば十余年前の事である。満州事変が起つてから、世には頻々として暗殺が行はれ初めた頃である。一種の英雄主義が平和に飽きた人心を蠹毒《こどく》し初めた頃である。然るに、どういうわけからか、此の新しい世の趨勢に対して、わたくしは不満と不安とを覚えて歇まざる結果、日本刀の為に生命を失つた外国使臣の運命について、これを悲しむ情の俄に激しくなるのを止め得なかつた。日本刀を以て外客を道に斬つた浪士の心は言ふまでもなく壮となすべきであろう。然し、それと共に、老母を国に残して来た遠客の死は、更に遙に悲壮であり、また偉大であると言わねばなるまい。」（『裸体：小説随筆』）

ヒュースケンの暗殺③、ヒュースケンの暗殺について、ハリスが本国に報告書を送っています。

ヒュースケンの上司、ハリスの報告書（一八六一年一月二十三日付）を見てみます。

「心重いことながら、当代表部の有能かつ忠実な通訳、ヘンリー・C・J・ヒュースケン氏の死を報告せねばならない。

今月十五日の夜九時頃、ヒュースケン氏はプロシア代表部から帰宅の途上にあった。三名の騎馬の役人と、四名の徒士が提灯をさげて随行していた。騎馬の役人の一名はヒュースケン氏の前に立ち、他の二名はすぐ後に続いていた。こうして進んで行くうちに、一行はとつぜん両側から攻撃された。役人たちの馬が刺突され、斬りつけられた。提灯は消え、ヒュースケン氏は両脇腹に負傷した。彼は馬を全力疾走させ、二百ヤードほど走った頃、大声をあげて役人たちを呼び、負傷して死にそうだと言ってから落馬した。暗殺者は七名で、ただちに逃げ去り、難なく暗夜の街に隠れてしまった。

ヒュースケン氏は九時半頃代表部へ運ばれてきた。ただちにプロシアとイギリスの代表部から外科医の応援を求め、医術が許す限り、誠心誠意あらゆる手当を施したが、すべては空しく、致命傷だったので、十六日朝十二時三十分に死亡した。」（『ヒュースケン日本日記』）

その5：英国公使館（東禅寺）攻撃①、英国公使館（東禅寺）が襲われます。一応幕府は一五〇名の警備をしている建前でしたが、誰も出てきませんでした。

アーネスト・サトウは文久二年八月十五日（一八六二年九月八日）横浜に来ましたが、「熟練した剣士の手にかかって不慮の死を遂げる危険をも考慮に入れなければならないと考えたのであった。したがって私は、相当量の火薬、弾丸、雷管と共に、一挺の拳銃を買いこんだ」と、〝武装〟していることを書いています。これは過剰な防衛だったのでしょうか。当然の措置だったのでしょうか。

当然の措置だと思います。

アーネスト・サトウが来日する約一年前、文久元年五月二十八日（一八六一年七月五日）、水戸藩脱藩の攘夷派浪士一四名がイギリス公使ラザフォード・オールコックらを襲撃しました。

この事件についてはオールコックの著書『大君の都』に詳細に書かれているので、これを見てみたいと思います。

＊＊＊

●公使館は、江戸のもっとも大きな寺（東禅寺）のひとつの接待部屋にかりに設置されていた。寺のまわりには木を植えた広大な美しい庭園があり、寺自体は―中略―広大な場所であった。
●公使館の入口に直接に通じているひとつの中庭には、周囲に柵が設けてあって、門が閉めてあった。この道や庭のなかには、いつも夜は閉めてある外の門と内の門のあたりに人足がいたし、大君や大名の兵士一五〇名が護衛として配置されていた（注、警備にあたったのは旗本や郡山藩士・西尾藩士と言われる。郡山藩は戊辰戦争では新政府軍に加わっている。戊辰戦争では、佐幕派と尊王派による大論争が行われて藩が分裂の危機に陥ったが、下級武士層による尊王派が大局を占め、尾張藩に従って新政府に与した。つまり警備の両藩には尊王攘夷の思想があったとみられる）。
●わたしとか他の人びとの生命をねらう散発的な企てがあるとしても、**一五〇名の護衛に囲まれている公使館にあらかじめ計画した襲撃を試みるなどということは、民衆の群起のようなことでもなければ、できるとは信じがたかった。**
●その夜は、わたしは危険のことなどすこしも考えずに横になった。―中略―わたしが疲れてぐっすりねむっていたところへ、ひとりの若い通訳見習い生がやってきた。―中略―わたしを起こし、公使館が襲撃され暴徒（水戸の浪士一四名）が門内に押し入っていると報告した。
●突然オリファント氏〔館員〕が血まみれになって現われた。腕にぱっくり開いた傷口と首の傷から血が流れていた。と思うまもなく、こんどは長崎駐在領事のモリソン氏が、やられたと叫びながら現われた。ひたいの刀傷から血が流れていた。
●驚いたことにだれも追ってこなかった。
●オリファント氏は、最初の警報を耳にするや、いそいでテーブルの上の狩猟用の重いむちをとり、自分の部屋から通じている廊下で、襲撃してくる男たちにそのむちだけで立ち向かったのである。実際、まず護衛の者が、そして家をとり巻く一五〇名の連中（護衛）は、だれひとりとしてわれわれを助けにやってこようとはしなかったのだ。

●物音がやんだ。

●護衛の者はみな、明らかに不意打ちをくらったのである。かれらはみな、護衛部屋のなかで眠っていた。一五〇名のうち、ひとりも見張っていなかったとは驚きいったことだ。

＊＊＊

英国公使館（東禅寺）攻撃②、水戸浪士等は何故、英国公使館（東禅寺）を襲ったのでしょうか。幕府の要人の暗殺計画と、英国公使館襲撃とはつながっています。

襲撃した者の中にその場で殺された者、及び重傷で生け捕りにされた者の体から書類が発見され、それには一四名の者が署名していました。

「**わたしは地位の低い者ではあるが、外国人のためにこの神聖な帝国がけがされるのを傍観していることに耐えられなかった。**このたび、わたしは、主君の意志にもとづいて挑戦する決意を固めた。わたしじしんは身分のいやしい存在にすぎないので、諸外国に国威を輝かすようなことは不可能だ。しかしわたしは、いと小さい信念といと小さい勇士としての力をもって、身分が低いとはいえ、それとは（わたしじしんとは）関係なしに、心から国家からうけた偉大なる多くの恩恵のひとつに対してでも祖国に報いたいとねがっている。**このことが、やがては外国人を退去させる原因となり、いささ**

かなりとも天皇および政府（大君）の心を安んじる原因ともなれば、まことにありがたい。わたしじしんの生命をもかえりみず、ことに当たる決心をしたしだいである」（オールコック著『大君の都』）。

この書には一四名の者が署名しています。この内の黒沢五郎、高畑総次郎はすでに見た、坂下門外の変に参画しています。

こうした動きは決して唐突には起こっていません。

黒船来航後、老中阿部正弘は海軍の創設・強化の必要性を認め、「大船建造の禁」を撤廃しました。長州藩では木戸孝允が洋式軍艦の建造を藩に上申し、船は安政三年十二月（一八五七年一月）に進水し、「丙辰丸」と命名されます。

万延元年七月二十二日（一八六〇年九月七日）にこの軍艦「丙辰丸」の上で長州藩士と水戸藩士等の間で幕政改革についての密約がもたれます。丙辰丸の盟約、水長盟約と呼ばれます。長州藩側は、木戸孝允や松島剛蔵（後、長州藩で俗論派が支配した時に処刑されます）、水戸藩側からの西丸帯刀（天狗党に入る）らが参加します。

丙辰丸の盟約→英国公使館（東禅寺）襲撃→坂下門外の変とつながっているのです。だから、坂下門外の変で時間に遅れた川辺左次衛門が自刃の場所に萩藩邸（長州藩邸）を選んだのです。そして世の中は皮肉なもので、長州では幕府と協力する長井雅楽が勢力を持ち、幕府は長州藩との良好な関係を維持したいがために、木戸孝允の追及を手控えたのでした。

その６：生麦事件①、横浜での外国人居留地は英国外交官からも「ヨーロッパの掃溜め」と呼ばれ

ていました。

東禅寺襲撃事件等があり、外国公使館にとっては江戸は危険すぎるため、アーネスト・サトウが日本に来た時には英国公使館は横浜にありました。後、グランド・ホテルになる場所です。

海岸線には外国人商館が立ち並んでいました。最も注目されるのは、「ジャーディン・マセソン商会」です。「ジャーディン・マセソン商会」は海岸通一番地（現シルクセンター）に一七〇〇坪の土地を借用して構えています。

「ジャーディン・マセソン社」は一八三二年広州に設立された会社で、アヘンの密輸を行っています。

阿片戦争は「ジャーディン・マセソン社」と関係しています。アヘンの輸入を規制しようとする清朝政府とイギリスの争いが起こった際、阿片商人のジャーディン・マセソン商会は活発なロビー活動を行います。これによって、イギリス本国の国会は九票という僅差で軍の派遣を決定したと言われています。

「ジャーディン・マセソン社」は、幕末、明治に、ちらちらと日本政治に介入する姿が見えます。

伊藤博文（俊輔）井上馨（聞多）等の五名、俗称「長州五傑」が一八六三年、主にロンドン大学ユニヴァーシティ・カレッジなどに留学した時に、マセソン社が便宜を図っています。

『密航留学生たちの明治維新』はジャーディン・マセソン商会の支配人ヒュー・マセソンの回顧録を紹介しています。

「ロンドンに到着すると、彼（ボアーズ船長）はその若い船客たちを私の事務所に連れてきた」。更にこの本は「伊藤が一八九五年当時、『ウエストミンスター・ガゼット』紙の記者に語った言葉として、「私は彼（マセソン）には大変世話になった。それから三十一年が経ったが、ハムステッドにあった彼の家のことは決して忘れないだろうという談話が載せられている」と記載しています。

英国などが下関攻撃を行う前、アーネスト・サトウは伊藤博文（俊輔）と連携していますが、それは後に見ていきます。

グラバーが「ジャーディン・マセソン商会」長崎代理店として「グラバー商会」を設立し、坂本龍馬、岩崎弥太郎等を支援しています。

「ジャーディン・マセソン商会」は幕末だけでなく、明治時代にも日本政府と密接な関係を持っています。

元首相吉田茂は土佐藩士、竹内綱の五男です。彼は吉田健三の養子になります。この吉田健三が、「ジャーディン・マセソン商会」横浜支店（英一番館）の支店長に就任し、日本政府に軍艦や武器を売り込んでいます。

この当時、外国人商館で最も勢力のあった「ジャーディン・マセソン商会」はかなり乱暴な会社でした。それを理解するために、「ジャーディン・マセソン商会」が陳 舜臣著『阿片戦争』でどの様に対応していたかを見てみたいと思います。

＊＊＊

●欽差大臣（特定の事柄について皇帝の全権委任を得て対処する臨時の官、アヘン問題解決のためイギリスとの交渉を担当）林則徐は「こんご永久に阿片をもちこまない。もしもちこめば、人は正法〔死刑〕に、貨は尽く官に入れる」「〔阿片母船〕の阿片をことごとく官におさめよ」と全阿片の供出を命じた。

●〔英国人所有の阿片は計二万二百八十三箱、このうち＝同書には「実際には一万九千七百六十箱だった」という記述もありますが〕、ジャーディン・マセソン商会は七千箱、デント商会は千七百箱を占め、この二社で総数の半分近くになる。

●エリオット〔英国が清国貿易監察官として広東に派遣した人物〕も―中略―しきりに対清強硬策を建議した。

すでに帰国したジャーディンは、エリオットの強硬論の最も有力なシンパとして、強力にバックアップしつつあった。

●ジャーディンは、連日、政府の高官を訪問して、エリオットの建議が妥当であることを説いた。―中略―ジャーディンの言は重きをなした。人道論は、ジャーディンの論法によって、しだいに崩されて行く。――時務にあわぬ感情論にすぎない、と。

●パーマストン外相の挙げた出兵理由は、まことに怪しげなものだった。

イギリス臣民の生命財産の安全が脅かされている――。林則徐は、阿片にかんする誓約書にサインをして、広州で従来通り貿易をしてもよいと勧告したにすぎない。

●帰国した阿片商人のジャーディンやマセソンは、さかんに開国論を煽った。

――今のままでは、インドまでが危ないぞ！

――戦えばかならず勝つ。

●一八四〇年二月に、出兵は正式に決定された。

●〔一八四〇年四月の国会で〕票決の結果、賛成二七一票、反対二六二票、僅か九票の小差で戦費支出は承認された。

●英国は大量の軍艦を集結させた（一八四〇年八月までに軍艦一六隻、輸送船二七隻、東インド会社所有の武装汽船四隻、陸軍兵士四千人が中国に到着）。

＊＊＊

つまり、横浜で最も影響を持っていたジャーディン・マゼソン商会は、自己の利益を確保するためには、英国の軍隊を動かす力を持っているということです。

この当時の外国人居留地のことをアーネスト・サトウは『一外交官』で次のように書いています。

「少し酷な表現だが、**イギリスの某外交官が当時の横浜在住の外国人社会を、『ヨーロッパの掃溜め』と称した**。本国の、口うるさい世間の束縛から解放されて、誘惑の多い東洋の生活へ突然入ったため、神学校の学生のような品行の厳正を保って行動せぬ人間が多少見受けられたのは当然だ。

金は豊富だった。いや、そんなふうに見えた。**だれもかれもが一、二頭の馬を飼い**、頻繁な宴会ごちそうに三鞭酒《シャンペン》を景気よく抜いたものだ。春秋の二期に競馬が催され、時には『本物』の競走馬も出場した、**日曜日の行楽には、東海道を馬で遠乗りして川崎で弁当を食べ、夕方になって帰宅するのが喜ばれた**」。

「ヨーロッパの掃溜め」的行動、そして「東海道を馬で遠乗りしして川崎で弁当を食べる習性」、これらをみると、「生麦事件」発生の条件が整っています。

生麦事件②、生麦事件で何が起こったか　アーネスト・サトウの説明を見てみます

薩摩藩主島津茂久（忠義）の父で藩政の最高指導者・島津久光は、幕政改革を志して七〇〇人にのぼる軍勢を引き連れて江戸へ出向いたのち、勅使大原重徳とともに京都へ帰る運びとなった。久光は大原の一行より一日早く、文久二年八月二十一日に（一八六二年九月十四日）江戸を出発します。率いた軍勢は約四〇〇人です。

生麦事件はアーネスト・サトウが到着した一八六二年九月八日から僅か数日後の九月十四日です。アーネスト・サトウ著『一外交官』を見てみます。

「九月十四日、野蛮きわまる殺戮がリチャードソンという上海の人に加えられた。この人は、香港のボラデール夫人およびウッドソープ・C・クラークとウィリアム・マーシャルという二人とも横浜に住んでいる男と一緒に、神奈川と川崎の間の街道を乗馬でやって来たところ、大名の家来の行列に出会い、わきへ寄れと言われた。そこで道路のわきを進んでゆくと、そのうちに薩摩藩主の父、島津三郎（久光）の乗っている駕籠が見えてきた。こんどは、引き返せと命ぜられたので、その通り馬首をめぐらそうとしていたとき、突然行列の数名の者が武器を振るって襲いかかり、鋭い刃のついている重い刀で斬りつけた。リチャードソンは瀕死の重傷を負って、馬から落ちた。他の二人も重傷を負ったが、夫人に向かって「馬を飛ばせなさい。あなたを助けることはできない……」と叫んだ。夫人は無事に横浜へ帰って、急を伝えた。馬や拳銃を持っている居留地の人々は、すぐさま武装して殺

害の現場へ馬を飛ばした。

イギリス領事のヴァイス中佐は、ニール大佐〔臨時代理公使〕から、自分または司令官からの命令があるまでは兵を動かすなと命ぜられていたにもかかわらず、公使館付きの騎馬護衛兵を率いて飛びだした。フランスの公使のベルクール氏は、六名のフランス騎兵からなる護衛隊を現場へ急派した。第六十七連隊のプライス中尉は、数名のフランス歩兵と公使館付護衛兵の一部を率いて繰りだした。しかし、先着者の中でも、おそらくだれよりも一番さきに駆けつけた人は、ドクトルのウィリスであった―中略―。ウィリスは生麦に向かって一散に馬を走らせたが、そこには気の毒にもリチャードソンの死体が路傍の木陰に横たわっていた。」

生麦事件③、薩摩側の説明を見てみます。

公爵島津家編輯所が一九二八年出版した本に、『薩藩海軍史』があります。文語体なので、口語にして、要点を記載します。

＊＊＊

●久光公は文久二年八月二十一日（一八六二年九月十四日）江戸を発する。行列は四百余の従士からなり、大砲数門、さらに弾薬も持っている。

●午後二時生麦村に差し掛かった。供頭は海江田信義（武次）と奈良原喜左衛門が日々交代し、その日の供頭は奈良原喜左衛門であった。外国人が久光公の十数間まで迫って来た。奈良原は駕籠の右後方にいたが、駆け付けて、リチャードソンの左肩の下より斜めに、肋骨から腹部に斬り、血潮が出たのは駕籠からも見える位であった。

●他の従士も切り掛かった。無事だったのは婦人のみであった。リチャードソンは馬上で逃走を図ったが鉄砲組の久木村利休に左腹を切られ、更に馬上で約十町逃げたが、落馬した。更に海江田信義がリチャードソンの近くにきて、リチャードソンが何か懇願している様であったが、「今楽にしてやる」と言って止めを刺した。

＊＊＊

生麦事件④、事件を起こした背景、英国人側の背景

事件に遭遇した英国人四人とも①日本に来たのが、事件から極めて短い時間で、日本事情を十分理解していなかったこと、そして②中国の状況と日本とほぼ同じ様に見ていたとみられることです。

殺害されたリチャードソンが日本に来たのは、七月初め、事件の二カ月前です。

横浜の英国商社ハート商会で勤務をしていたクラークが来日したのも一八六二年七月（文久二年六月）、事件の二カ月前です。

妹を見舞いに来たボラデール夫人マーガレットが来日したのは一八六二年六月十二日（文久二年五月十五日）です。

妹の夫、ウッドソープ・クラークが来日したのは一八六〇年末の様です。

そして皆、上海などで生活してきています。

マーシャルは横浜租借地六二番で、面積は四三三坪、かなり後発として来日したことがわかります。

ここで、林董著『後は昔の記』での生麦事件についての記載を見てみます。

林董は明治時代の外務大臣（一九〇六年―一九〇八年）です。父は佐倉藩の医師ですが、一八六二年横浜に移り、林董は父の勧めで英語を勉強するため、一八六二年六月横浜に来ます。生麦事件の三カ月前です。

「文久二年（一八六二年）の事なり。「東海道は諸侯の往返頻繁なれば、成丈け通行を見合す様に」と、幕府より外人に照会し置きたれども、外国人は、成丈け内外間に据え付けたる障碍を排去せんと欲し、「東海道に出でれば散策運動の便なし」とて、右の照会を承諾せず。―中略―友人等は、「今日は島津三郎（久光）通行の通知ありたり。危険多ければ見合すべし」と云う。四人は聴き入れずして、「否、此等アジヤ人の取扱方は、予能く心得居れり。心配なし」とて―中略―東海道に出で、終に生麦の騒動を引起せり」。

生麦事件⑤、事件を起こした背景、薩摩藩の事情

薩摩藩の資料を見ますと、馬上のリチャードソンを最初に斬りつけたのは奈良原喜左衛門で、止めを刺したのは海江田信義のようです。

この二人はどの様な人物だったのでしょうか。彼らは単なる「武士」でなく、薩摩藩の中で重要な役割を演じています。

二人は行列を指揮する供頭を日々交代して行っています。それだけではなく、幕末の薩摩藩は藩自

体が動乱の中にありますが、彼らは藩内の抗争の中で重要な役割を演じています。

安政の大獄時、薩摩藩藩主島津斉彬は藩兵五千人を率いて抗議のため上洛することを計画していました。徳川時代、大名のこうした上洛は当然のことながら許されませんから、徳川幕府への挑戦状です。しかし、島津斉彬は鹿児島城下で出兵のための練兵を観覧の最中に発病し、安政五年七月十六日(一八五八年八月二十四日)に死亡します。その死には毒殺説もあります。

斉彬の後、島津茂久が藩主となり、茂久の父、久光が藩内で勢力を伸ばします。

久光は文久二年三月十六日(一八六二年四月十四日)、①幕府はいかなる行動に出るかわからないので、天皇の警護をする、②勅令を持って、江戸に下り、幕政の改革を行い、公武合体を推し進めるという目的を持って、藩兵千名を伴い上洛します。

そして、久光の朝廷に対する働きかけにより、文久二年五月八日(一八六二年六月五日)、幕政改革を要求するために勅使(大原重徳)を江戸へ派遣することが決定され、久光が勅使随従を命じられます。この一行は五月二十二日(六月十九日)に京都を出発、六月七日(七月三日)に江戸へ到着、江戸幕府との折衝を成功させ八月二十一日(九月十四日)江戸を出発し、途中で生麦事件を起こすことになります。

久光の行列は、厳密な意味で「大名行列」ではありません。しかしこの行列は朝廷が江戸幕府に送った勅使護衛という役割を担っているわけですから、久光一行には「大名行列」より高い格式にあるという意識、そして幕府は無定見に外国の圧力に屈してきたという意識があります。このことが「生麦事件」の誘因になっていきます。

生麦事件の前島津久光が京都に到着し、江戸に出発する間に、薩摩藩を揺さぶる大事件が京都で起こっています。**「寺田屋事件」**です。

この時期、「安政の大獄」等に対する薩摩藩内の対応は二つに分かれていました。

一つは公武合体を進める中で、薩摩藩の発言力を増していくという考えです。久光がこの考え方です。

これに対して、関白九条尚忠と京都所司代酒井忠義を襲撃し、その首を持って久光に奉じることで、蜂起させようとする動きがあります。

後者の仲間が行動を起こすことを聞いた久光は、側近の大久保一蔵（後、大久保利通に改名する）、海江田信義、奈良原喜左衛門を次々に派遣して説得を命じ、藩士を抑えようと試みましたが、失敗します。ここで出てくる海江田信義、奈良原喜左衛門がまさに生麦事件でリチャードソンを切りつけた人物です。久光は特に剣術に優れた藩士八名を選び、説得に従わない場合は「上意討ち」にせよと指示します。これら藩士が寺田屋にいて関白や所司代への襲撃の準備をしていた薩摩藩士を殺害しました。同じ藩内で殺し合いをしただけに、悲惨さと残忍さには恐ろしいものがあります。

リチャードソン殺害の海江田信義、奈良原喜左衛門はこうした殺伐した空気を直前に味わっているのです。無礼を働く英国人の殺害には、抵抗はありません。

海江田は別の役割を演じています。

久光上洛の時、西郷隆盛は別行動で京都を目指しています。途中、西郷は決起派と会い、「今度はいよいよ諸君と死を共にする時が来た」と述べています。西郷の真意は、決起を図る軽挙妄動を憂い自ら中に入って統制鎮撫することにあったとみられていますが、必ずしもこの真意は伝わらず、**これを聞きつけた海江田が久光に対し、「西郷は諸浪士と結託して暴挙に出る。むしろ浪士を扇動してい**

る」と報告し、怒った久光が西郷を死罪にせんとして捕縛を命じています。結局西郷隆盛は九州本島から南へ五五二キロ、沖永良部島に島流しにされて一年七カ月滞在することとなります。海江田は江戸で水戸藩邸に出入りし、藤田東湖に師事し尊王論を学んでいます。桜田門外の変で、井伊大老の駕籠を襲い、路上に引きずり出して殺害し、首級をあげたのは、有村次左衛門ですが、この有村次左衛門は海江田信義の弟です。

こうしてみますと、攘夷思想が強く、井伊大老の暗殺や寺田屋事件に関与した海江田信義や奈良原喜左衛門が、彼等の目から見ると狼藉を働いたリチャードソンを切り捨てるのは十分想定される出来事と言えるでしょう。

生麦事件⑥、英国公使オールコックの反応

各国が個々の国に対し行う政策は、その国に赴任している大使館のトップ（今日では大使、昔は公使の場合が多い）にしばしば左右されます。

生麦事件の時には、英国のオールコック公使は一八六二年三月二十三日（文久二年二月二十三日）本国に向けて横浜を出発しています。従って九月十四日（文久二年八月二十一日）の生麦事件発生の時には日本にいません。しかし、オールコックは英国にいて、自分の考えを直接述べますから、英国政府への影響は、公使館からの報告より、英国政府に大きい影響を与えます。

彼は生麦事件を評して次のように述べています。

「日本の現在の社会状態は、イギリスのあの無法で凶暴だった時期〔アングロ・サクソン時代〕と、酷似している点が多いのである。このような状況のもとでは、生命の保障はないし、またありえない」(『大君の都』)。

彼は、生麦事件に対する反応として、二年前に幕府に送った書簡を引用しています。

「責任者は、政府〔日本政府〕である。政府は、国際法によって責任を負っている。世界の目から見て、政府は―中略―生命・財産を保護する法を尊重する責任がある。もしこれに欠けることがあれば、政府としての必須の性格を最早有していないことになり、諸外国から尊敬をうける資格を失うこととなる。**諸外国が相手とすることができる政府は、実質的に支配している政府のみであって、名目だけの政府ではないのである。まったく以上のことが、政府として永続するための重要な条件であり、これを忘れるならば、必ず即座に危険が生ずるであろう。**それゆえに日本政府は、そのような無秩序な状態においては、みずからの存在すら脅やかされているのである」。

この書簡は、生麦事件の前に出されたものですが、生麦事件後におけるオールコック公使の見解とみていいと思います。英国は、後々、幕府を見限って、倒幕側を支援していきますが、**「幕府は統治能力がない」という考えは、生麦事件でますます強化されたと思います。**

さらにオールコック公使が母国、英国で、外務大臣とか、議会で自分の主張を言う機会が多くあり、オールコック公使の主張が英国の政策になる可能性が高いのです。

その後の歴史の展開を見ると、英国はオールコック公使の主張に沿って、「幕府は統治能力がない」、「自分達の相手は朝廷である」として、「倒幕」を支援する動きをしていきます。

第三章　高まる「攘夷」の動き

幕府は開国の決定からの撤退を各国公使館に伝えているのですが、その翻訳はアーネスト・サトウです。


アーネスト・サトウの日本語の力は驚くべきスピードで向上していきます。

アーネスト・サトウが来日したのは一八六二年九月八日（文久二年八月十五日）です。

そして一八六三年六月二十四日（文久三年五月九日）、つまり一年もたたない間に、日本語の教師の助言を得て、重大な文書の翻訳を行っています。

もともとの書簡は次のものです。

「今本邦ノ外国ト交通スルハ頗ル国内ノ輿情ニ戻ルヲ以テ更ニ諸港ヲ鎖ザシ居留ノ外人ヲ引上シメントス。此旨朝廷ヨリ将軍へ命ゼラレ将軍余ニ命ジテ之ヲ貴下等ニ告ゲシム。請フ之ヲ領セヨ。何レ後刻面晤ノ上委曲可申述候也。

文久三亥年五月九日　　小笠原図書頭

各国公使宛」

日本は開国をしましたが、**「開国は辞めた」**という書簡を各国公使に送っていたのです。当然英国は反発します。この時、オールコック公使は英国に帰国中なので、ニール中佐が代理公使として書簡を出しています。

「ニール中佐より

日本の外国事務相へ　一八六三年六月二十四日

―中略―この国の精神界〔朝廷〕と俗界〔幕府〕の二人の元首が、開港場を閉鎖して、それらの土地から条約締結諸国の臣民を退去させようと決定されたことが閣下を通じて伝達されましたが、これによって必ず日本に生ずべき不幸な結果については、両元首ともに全くこれを感じておられないものと本署名者は信ぜざるを得ません。―中略―

大ブリテンがこの国との間の条約上の責務を存続させ、これを励行する上に最も効果のある、厳重にして断固たる処置に出ずべきことは毫末も疑いありませんが、この処置を変更させ、あるいは緩和させることは、おそらくまだこの国の両元首の可能とするところかもしれません。それのみならず、**条約上の責務を従来よりもはるかに満足な、そして強固な基礎におくために、その目的達成に向けられる何らかの合理的にして首肯することのできる手段をすみやかに公表させ、またこれを実施させることも、これまた両元首の可能とするところでしょう**」（『一外交官』）。

凄い手紙です。

「大ブリテンがこの国との間の条約上の責務を存続させ、これを励行する上に最も効果のある、厳重にして断固たる処置に出ずべきことは毫末も疑いありません」と脅しています。

この本を振りかえってみて下さい。

第二章「桜田門外の変」から「生麦事件」へで、日本の鎖国の在り様を見ました。

カントは、「我が大陸の開化せる、特に商業を営む諸国家の残酷な態度を比較してみるならば、彼等が他の土地と他の諸民族を訪問する場合、（彼等にとっては訪問は掠奪と同一のことである、）彼等の示す不正は恐るべき程度に及んでゐる」と言い、以下、少し要約しますが、「それゆえ中国と日本はこれらの来訪者を試した後で、次の措置をとったのは賢明であった。すなわち前者は来訪は許したが入国は許さず、後者は来訪すらもヨーロッパ民族の一民族にすぎないオランダ人にだけ許可し、しかもその際に彼らを囚人のように扱い、自国民との交際から閉め出したのである」と鎖国は日本にとって、正しい措置であったと論じました。

しかしこうした考えに、オールコック駐日公使が反論していました。

「条約を締結した諸国によって、この問題〔日本が鎖国をすることの是非〕はすでにはっきりと決着を見ているからにすぎない。―中略―

日本をふたたび鎖国にすることは絶対にできないことだからである。通商によって、相競っている諸国と相争う利害関係によって、門のちょうつがいははずされたのである。**いまとなっては舞台から退場するわけにはゆかぬほど深入りした西洋諸国が多いし、それにこれらの国のどれひとつをとって**

みても、日本人がどうやってみたところで力ずくではとうてい追い出せないほど強力だ」。

オールコック駐日公使の論評は単なる学者の見解でありません。英国政府の意志です。

それを、ニール中佐の手紙が示しました。

このニール中佐の書簡は、何気なく、しかし、重大な意味合いを持つ別の文章が含まれています。

アーネスト・サトウは『一外交官』で驚くべき解説をしているのです。

「この文書の筆者が言っているところの、日英条約上の責務を従来よりもいっそう「満足な、そして強固な基礎」におくために、「合理的にして首肯することのできる手段」とは何を意味するものであったかは、ただ推測に任せるのほかはない。**思うに、それはイギリス側から大君〔将軍を意味する〕に与えようという物質的援助の計画を暗示するもので、この援助によって、日本政府の対外親和政策に反対する西南部の諸大名の運動を抑制し、――中略――また大君と天皇の正式な妥協を妨害する運動を、抑圧しようと言うものであったろう。この種の援助政策がうまく実行されれば、大君は祖先伝来の地位に安定し、その後継者を顚覆させた一八六八年の革命は困難となり、またおびただしい流血なしには成就しなかったであろう**し、また日本国民は、外国の援助で自己の地位を強化した支配者を憎悪するに至ったであろう。**そうなれば、大君は過酷きわまる抑圧手段によらなくてはその地位を保ち得なくなり、国民は恐るべき永久の独裁政治下に屈服を余儀なくされたであろう。**大君の閣老が、外国からの援助申し出を拒否するだけの充分な愛国心を持ち合わせたことは、まことに喜ぶべきことであった」。

アーネスト・サトウは幕府に対する「物質的援助の計画を暗示する」といい、「対外親和政策に反対する西南部の諸大名の運動を抑制」するものと述べています。それは金銭的、ないし武器の提供を意味していたのでしょう。その見返りで、日本はインドの様な植民地国家になっていたことを示唆しています。

アーネスト・サトウはこの文書が出された時には英国公使館に勤務しています。重要な文書の翻訳にも従事しています。一八九五年から一九〇〇年まで駐日公使をしています。全ての重要書類に目を通すことが出来ます。

この時期、英国と折衝をした老中には松平信義（一八六〇年―一八六三年）、小笠原長行（一八六二年―一八六三年）がいます。ただ、英国の支援の申し出を断ることを伝えたのは、別人です。

「〔一八六三年五月二十五日（文久三年四月八日）、英仏と〕竹本甲斐守及び新任の柴田貞太郎との間に、またもや談判が行なわれた。日本側はまず、外国代表が物資上の援助を申し出たことに対し大君の名において感謝したが、**大君は自己の権威と兵力によってのみ大名との間の疎隔の解決に努むべきであるから、この外国の援助は辞退せざるを得ないと言った**」（『一外交官』）。

ここで考えておきたいのは、英国は、日本に自分達に都合の良い政権にお金を出す用意があることを示していることです。

朝廷を巡る激しい攻防、賀茂神社への行幸①、長州藩が、朝廷に圧倒的影響力を持っていたことから、始まります。朝廷は攘夷を決めます。ピークは文久三年三月十一日（一八六三年四月二十八日）天皇の賀茂神社への行幸で攘夷を祈願します。

この時期、朝廷との関係で活発に動いていたのが、長州藩の久坂玄瑞です。

久坂玄瑞の妻は吉田松陰の妹です。

その活動内容は①吉田松陰の復権、②安政五年の条約はすべて下田の条約にまで引き戻す、③朝廷に「御政事所」を設け、逐一重要政務を幕府から奏聞させる等を含みます。こうして長州藩は完全に尊王攘夷となります。

久坂は二月木戸孝允と共に、朝廷の尊王攘夷派の三条実美・姉小路公知らと連携し、朝廷の方針を尊王攘夷に持っていきます。

文久三年二月十一日（一八六三年三月二十九日）、久坂玄瑞らが関白鷹司輔熙邸を訪れて攘夷の期限を定めることを進言、これに一二卿（三条、豊岡、正親町、滋野井、姉小路等）と言われる人々が呼応します。

長州藩の世子毛利定広は攘夷祈願のため、天皇の賀茂神社への行幸を進言していました。朝廷がこれを受け入れ、長州藩世子に「供奉」を命じます。

文久三年三月十一日（一八六三年四月二十八日）天皇は賀茂神社に行幸し、攘夷を祈ります。

つまり、攘夷は天皇自らの方針であることを示したのです。

幕府側も、将軍徳川家茂、水戸藩主徳川慶篤、将軍後見職一橋慶喜、老中水野和泉守、板倉周防守が従います。

長州藩は、世子（毛利定広、のち元徳）が清水清太郎（親知）、来島又兵衛、佐々木男也、毛利登人、村田次郎三郎、小幡彦七を率いて参加します。

しかし、これらのうち数名はわずか二年の内に死亡しています。
来島又兵衛―元治元年七月十九日（一八六四年八月二十日）「蛤御門の変」で挙兵するも敗れ、自害
毛利登人―元治元年十二月十九日（一八六五年一月十六日）長州藩内紛の中で処刑される
清水清太郎―元治元年十二月二十五日（一八六五年一月二十三日）長州藩内内紛の中で、藩命により切腹
時代が如何に激しく動いているかを象徴しています。

この行幸は、寛永年間後水尾天皇の二条城への行幸以降初めてのもので、幾万人もが拝観したと言われています。

そして文久三年三月十四日（一八六三年五月一日）、朝廷は幕府に命じて攘夷の期日を決めてこれを布告させます。

ただこの日に、島津久光が朝廷に招かれ、関白、及び前関白近衛忠熈に「攘夷の軽挙しがたきこと」を建言します。（以上出典『木戸孝充伝』等）。

朝廷を巡る激しい攻防、賀茂神社への行幸②、朝廷、長州藩側に倒幕の意志があったのか。
最初は天皇に攘夷に踏み切らせる試みであったが、次第に倒幕色を強めます。

賀茂神社への行幸では天皇自らが攘夷を祈願しました。
「尊王攘夷」ですが、この頃、「倒幕」という動きは見えていたのでしょうか。
徳川慶喜は『昔夢会筆記』で次のように述べています。

「(加茂行幸、引き続き八幡行幸・大和行幸を長州から建白をいたしましたのは、名を攘夷に籍《か》りて、実は幕府を討とうという内密の計画が、あのなかに含まれております。―中略―たしかにお気付きになりましたのは、いつ頃からでございましょうか。)

実は倒幕というところまで押し詰める下心だということは、それはもう御親兵を拵える時分から分っている。しかし加茂行幸の節には、将軍の威権を墜そうというところにもっぱらなっていたのだ。それからその次に八幡行幸。―中略―大和行幸の時には、―中略―極度になった。大和に行幸軍議を尽くされてというのが倒幕だ」。

朝廷主導の「攘夷の動き」のまとめ（カッコ内西暦）

時期	対外関係	時期	国内関係
文久３年（1863年）			
		3.11（4.28）	孝明天皇、賀茂神社に行幸し、攘夷祈願
		4.20（6.6）	将軍家茂、5.10（6.25）を攘夷の期限と奉す
5.9（6.24）	幕府、開国撤回を通知		
5.10（6.25）	攘夷の日 長州藩、アメリカの商船を攻撃		
5.23（7.8）	長州藩、フランスの軍艦を砲撃		
6.1（7.16）	長州藩、米国軍艦と交戦し敗北		
6.5（7.20）	仏軍艦、馬関砲台攻撃		
7.2（8.15）	（薩英戦争）		
		8.18（9.30）	８月18日の政変 （過激な攘夷思想と長州の朝廷への影響を排斥）

第四章　薩英戦争後、薩摩は英国との協調路線に

薩摩藩は「尊王攘夷」です。

尊王と言っても、①徳川幕府を排除するのか、②徳川幕府と協力するのか、（いわゆる公武合体論）で見解は分れます。

長州藩は後に見ますが、「正義派」（倒幕派）と「俗論派」（幕府への恭順派）に分れ、長州藩内で戦争をします。

薩摩藩は藩主の父として実権を握った島津久光の指示で起こった「寺田屋事件」で、自分の藩の過激派を排除し、一時「公武合体派」が主導権をとります。この中、「倒幕派」の西郷隆盛が島流しになります。後、西郷隆盛や大久保利通が「公武合体派」を排し、薩摩藩は「倒幕」の中心になっていきます。

「攘夷」の方はどうでしょうか。

朝廷を中心に攘夷論が高まり、文久三年五月十日（一八六三年六月二十五日）を期限に「攘夷」を決めます。これに呼応して、文久三年五月十日長州藩は攘夷の先鋒としてアメリカの商船を砲撃します。

他方、英国は「生麦事件」での謝罪と賠償を求めて、文久三年七月二日（一八六三年八月十五日）鹿児島を砲撃します。この「薩英戦争」で、薩摩藩は英国の力を認識し、「攘夷」が出来ないことを悟るや、積極的に英国との友好関係を築いていきます。

そういう意味で、薩英戦争は歴史の転機です。

英国は幕府に対し、生麦事件の賠償金を軍艦の配備で脅し、一〇万ポンド手に入れます。

英国は「生麦事件」で幕府に一〇万ポンド要求します。幕府は幾度となく回答の延期を計りますが、英国が江戸湾内に数隻の軍艦を配備し攻撃の準備を整えていくのを目の前にし、結局支払いに応じます。

一八六三年三月、臨時公使であるニール大佐は、本国から、「大君（将軍）と薩摩藩主の両方に対し十分な賠償金を要求せよ」という訓令を受け取ります（『一外交官』）。

大君（将軍）に対しては、「殺人犯人の逮捕に何らの努力も示さず、白昼自己の領土内でイギリス人が殺害されるのを放任したという廉《かど》で、罰金十万ポンドを支払うことを要求する」「もしこの要求を拒絶すれば、重大な災禍が日本の国に振りかかるであろう」「回答について考慮するため二十日間の猶予を与える」いうものです。

四月六日（文久三年二月十九日）ニール大佐は砲艦ハヴォック号に乗り、江戸に行きます。

期日の二日前、四月二十四日（文久三年三月七日）には、江戸湾に砲三五門のユーリアラス号、砲二一門のパール号、一四門のエンカウンター号、一七門ラットラー号、六門のアーガス号、六門のセントーア号、三隻の砲艦が投錨していました。文字通り、「艦砲外交」です。

幕府は猶予期間を三十日延長するよう求め、英国側は十五日の延長を認めます。

五月一日（三月十四日）、幕府はさらに十五日の延長を求めます。

五月十六日（三月二十九日）、幕府は回答の再延長を求めます。

ニール大佐は重なる延期の交渉に嫌気をし、事件の解決をキューパー提督に委ねます。つまり、「武力で解決して下さい」ということですから、江戸のどこかに大砲を撃つことになります。これに驚いた幕府は六月二十四日（五月九日）「全額支払う用意がある」ことを連絡し、これが同日実行されます。

英国は薩摩藩に殺害者の処刑と賠償金支払いを求めますが、薩摩藩は迅速に対応しません。英国は艦隊を率いて鹿児島湾に到着し、脅します。

「艦砲外交」の中、幕府は生麦事件の賠償金を支払いました。

薩摩藩に対する要求は、①「リチャードソン殺害者の審問と処刑を行なうこと、②リチャードソンの親族と襲撃された他の三名に対し薩摩侯は二万五千ポンドの賠償金を支払うこと」が入っています（『一外交官』）。

しかし、薩摩藩としては「リチャードソン殺害者の審問と処刑を行なうこと」の条件は飲めません。生麦事件では、馬上のリチャードソンに切りつけたのは奈良原喜左衛門で、とどめを刺したのは海江田信義です。この両名は、藩主の父、島津久光にとっては貴重な存在です。島津久光達が江戸に下る前、京都で寺田屋事件を起こし、久光の命令で、藩士八名が「上意討ち」で刺殺されていますが、海江田信義、奈良原喜左衛門はこの事件に深く関与しています。久光の政治基盤に、両名は深く関与しています。英国は軍事的解決の方針を固めます。アーネスト・サトウ著『一外交官』を見てみます（読みやすく箇条書きにしました）。

***

●結局イギリスの軍艦ユーリアラス号、パール号、パーシュース号、アーガス号、コケット号、レースホース号、それに砲艦ハヴォック号をもって艦隊を編成することにした。

●ニール大佐から私に至るまで、公使館の全員が軍艦に乗りこむことに決まり、——中略——〔私〕はアーガス号に搭乗した。

●〔一八六三年〕八月十一日（文久三年六月二十七日）の午後鹿児島湾口に到着。

●〔翌日〕二名の役人を乗せた一隻の舟が——中略——漕ぎよせてきたので、それに〔英国側は要求を記載した〕手紙を渡した。

●〔十二日〕別の役人が——中略——やってきて、回答の期限については何とも言明できぬと言った。その際ニール大佐を訪れた重役の名前は伊地知正治といった〔島津久光の上洛に従って京都に上った功績により軍奉行となっていた。後、アーネスト・サトウは伊地知と江戸で昵懇になる〕。——中略——

この男とこれに従う四十名の者が、イギリスの士官を急襲して重立った者を殺害せんものと、充分な計画の下に主君と別盃を酌み交わして来たのである。彼らは、こうした方法で、旗艦を奪取しようとしたのだ。―中略―当方で前もって警戒していなかったら、あるいは成功したかもしれない。それらの者は二、三名しか提督の室に入ることを許されず、一方水兵たちは、後甲板に居残った者たちを警戒の目で注視していた。

●その日の夕方になって、先方の回答書がとどいた。―中略―回答書を調査した結果、受理することのできない理由のあることがわかった。回答書には殺人者は発見できなかったとあった。―中略―賠償金の問題は犯人が逮捕、収監、処刑されて後にはじめて討議さるべきものであるという遷延的な字句がならべられてあり、―中略―

●十四日の朝使者が到着したとき、わが方は使者に向かって、回答は不満足なものと考えられるから、もはや一戦を交じえたあとでなければ日本人との交渉には断じて応じられぬと告げた。

●当方には即時砲台を攻撃するつもりはなかった。数隻の汽船を拿捕するという報復措置をとれば、薩摩人は―中略―満足すべき回答を持参するに違いないと、提督は考えたようだ。

●十五日―中略―アーガス号がサー・ジョージ・グレー号（青鷹丸）〔ドイツで建造され一八六三年四月に長崎にて購入、砲の設置はなし〕のわきに横付けになったとき、その船の乗組員が―中略―小舟に乗り移って、すばやく姿を消すのが見えた。―中略―二人の日本人がサー・ジョージ・グレー号に残っていて、私に向かって五代〔友厚〕、と松木弘菴〔寺島宗則〕であると名乗った。

＊＊＊

捕虜になった五代友厚、寺島宗則は青鷹丸をグラバーに売って、それを賠償金に当てようとしていました。

アーガス号を青鷹丸に横付けにして捕獲しました。その時、乗組員は逃げましたが、五代友厚と寺島宗則が残り続け、捕虜になりました。どうして二人は捕虜になったのでしょうか。

寺島宗則は幕府の第一次遣欧使節（文久遣欧使節、文久元年十二月二十二日（一八六二年一月二十一日）、一行は英国海軍の蒸気フリゲート、オーディン号で欧州に向かって品川港を出発、一行の中に福沢諭吉も参加）に通訳（英語）兼医師として加わっています。この派遣の期間を通じて、英国軍艦の力を当然知っています。この使節団はオールコック公使の画策によるものです（訪英中に、「新しい港と江戸開市を五年間延期することの承認をとる」という目的は達成されます）。オールコック達は「寺島宗則等一行を、英国に協調的な人間として育成したい」と考えていると思います。

島津久光が汽船で上洛の際に、寺島宗則は船奉行に任命されています。

「文久三年三月島津忠光〔久光〕公汽船にて上京、其随行を命ぜらる。船中公に謁し始て西洋事情を述ぶ。兵庫に達し、船奉行に転じ、―中略―是れより五代才助と共に汽船を管轄す」（『寺島宗則自叙伝』）。

「戦争やむなし」と薩摩藩が決定した時、二人は青鷹丸に乗船します。青鷹丸は商船で軍艦ではないので、砲は持っていません。

「磯なる火薬製造所は竹下清右衛門其主宰たり。之を見て戦議決せりと告げ、其海岸より小艇に乗り、重富の前に碇泊する汽船に移れり」。

そして英国側に捕虜になった模様を次のように記しています。

「文久三年七月二日早天英艦我汽船に向い来り、―中略―速に去る可しと云ふ。余と五代とは一船内に在り、之に答へて云ふ。〔寺島が〕『未だ敵たるに非ず何ぞ所船を奪はしむ可きや、決して去ること能はず』と、彼云ふ、『好し、然れども他の諸人を留む可らず』と、尚之を拒みて士官を残し、桜島の前に至れる頃、他の士官も留む可らずと迫らるるが故に、士官も皆上陸せよと号令す。他の二船の乗組者は重富前にて皆去らしめられ、残る者なし」。

「七月十三日横浜に至れば、旧知たる米人『ウエンリード』来艦するに会す。其周旋を以て、夜に至り小艇にて川崎駅の河流の下より上陸し―略―」。

無味乾燥な記述です。捕虜の身のものがどうして「小艇にて川崎駅の河流の下より上陸」することができたのか。ドラマが潜んでいますが、ここでは省略します。

五代友厚は、直木三十五と織田作之助の小説の主人公になっています。ここでは両者共、薩摩藩保有の船をグラバーに売って、これを賠償金に当てて英国艦隊の攻撃をやめさせようとする話が載っています。

この捕虜になった二人中、寺島宗則は明治政府の中で、初代在イギリス日本公使、外務卿、文部卿、元老院議長、在アメリカ日本公使となります。

他方、五代友厚は明治二年実業界に入り、政商として活躍、大阪商法会議所（大阪商工会議所に発展）の初代会頭になります。当時商業の中心は東京ではなく大阪です。それも「政商」としての立場を利用してのことです。

アーネスト・サトウの眼力は鋭くて、五代友厚の人物を見抜いていて、彼を「いずれかと言えば投機的な実業家」と評しています。

しかし、こうした人物は小説家にとって、格好の主人公です。直木三十五は（昭和九年）『大阪物語第6巻五代友厚』を出版し、さらに織田作之助が『五代友厚』を出版しています。

直木三十五の作品を読んだことがない人でも、彼にちなんだ直木賞は芥川賞と並んで文学界の代表的賞です。織田作之助にも「新鋭・気鋭の小説」を対象とした織田作之助賞があります。

織田作之助の『五代友厚』は、「小説って面白く書くにはこうするのか」というようなお手本のような作品です。ここでは次のような内容が書いてあります。

場面は横浜の英国商人エルダーの家で、小笠原図書頭（生麦事件で賠償金10万ポンドをイギリスに支払った）と、クーパー（キューパー提督）、ニール（代理公使）が薩摩攻撃の密談をしていたのを、エルダーの妾となっていたお富が聞いている所です。

＊＊＊

「ところで、薩摩への回航の期日は……？」

と〔図書頭は〕訊いた。クーパーはニイルと相談をはじめた。

その時、いきなり扉があいて、さっき図書頭を案内した洋装の女が、洋酒の道具をもってはいって来た。お露といい、エルダーの妾だった。
「六月の末頃ですね。その五代才助のいる薩摩へ回航するのは……」
〔そして長崎でお露が五代にあっている場面〕
「お露は今日長崎へやって来もした。横浜からはるばる来もした。」〔それから横浜での立ち聞きの内容を知らせます〕
通辞の堀孝之を伴って、才助が英吉利人ガラバーの邸を訪れたのは、それから小半刻も経っていなかった。
内臓の中まで汗が走るような暑さに辟易していたガラバーは、折柄入浴中であったが、五代が来たとのしらせに、大急ぎで浴槽から出て来た。
「儲け話だ」

＊＊＊

直木の『大阪物語』（直木三十五全集）。

＊＊＊

五代才助は、長崎にいて、ガラバーに話をして、金を出して、事済みにしようと献策し、自分の管理する薩摩の船をグラバーに売り、その金を賠償金に宛てようとしていた。

直木三十五の『五代友厚』で、「五代才助は長崎にいて、金を出して、事済みにしようと献策しグラバーは承諾したが藩論は「戦ふべし」と激昂していて、「才助、又、でしゃばる。彼奴から血祭りにしろ」といふような、形勢であった。

＊＊＊

残念ながら、寺島、五代の構想は実現しませんでした。

ちなみに薩摩藩の所有していた三隻の価格は次の通りです。

天佑丸（英国製）一二万八千ドル、白鳳丸（米国製）九万五千ドル、青鷹丸（ドイツ製）八万五千ドル。これらを売れば十分に賠償金となっていました。（薩藩海軍史）

薩英戦争の大枠を大山元帥伝編纂委員『元帥公爵大山巌』で見てみます。

この本では、寺田屋事件に言及してきました。

私は意図して探したわけではありませんでしたが、この『元帥公爵大山巌』は、現場にいた人から聞いた寺田屋事件の記述にもなっています。

寺田屋事件の斬り合いの惨事は一階で起こっていますが、大山巌は他の者と二階にいました。「激闘の終ると共に奈良原喜八郎唯だ一人二階に駈け上り、刀を投げ捨て、双肌脱ぎとなって大音声に『諸君驚き騒ぎ給ふなかれ、我々は決して諸君を敵とする者ではない、有馬君等は勢い止むを得ずして打ち果したるも、其の仔細は錦の屋敷にて語り申すべし―中略―』と告げ、―中略―一同は之を承知して錦の藩邸に引上げたのである」と記載しています。

その後、大山巌は鹿児島で謹慎生活を送りますが、薩英戦争の時に謹慎が解かれ、防御に参加しています。

『元帥公爵大山巌』は　薩英戦争の模様を詳しく書いています。以下、箇条書きにして引用します。

＊＊＊

●久光茂久二公は、使者四人―中略―を旗艦「ユリアラス」に遣して、―中略―時に午前十時頃であった。
●代理公使「ジョン、ニール」は―中略―国書を交附して、二十四時間内に回答あるべく此の期間を経過して回答なきに於ては、直に自由行動を取るべしとて、其の言辞頗る厳なるものがあつた。
●生麦事変の責任者たる奈良原喜左衛門と海江田信義は決死隊を組織して各艦に斬入り、皆其の艦を奪ひ取らんとの計画を立て、之を二公に請ひて許しを受けたので、―中略―忽ち百五名を得た。
●久光、茂久両公は決死隊総員を二之丸に召して、―中略―酒肴を以てして其の行を壮ならしめられた。一同は身を商売に扮し、盛夏三伏の候であるから、西瓜其の他の果物―中略―小船に積み、各艦に漕ぎ寄せて―中略―七艦を奪ひ取らうといふのである。
●彼れ〔英側〕も亦手真似を以て無用なりとの意を示すと共に、我が行動を怪しみ、―中略―梯を撤して登艦を許さない。
●明くれば七月朔日（八月十四日）いよいよ戦闘開始の決心を定められたる久光、茂久二公は城を出でて、島津弾正の屋敷に移られた。
●七月二日（八月十五日）風雨益々急であるが、〔英艦は〕天佑丸、白鳳丸、青鷹丸の三汽船を拿捕せしめ、―中略―小池沖の錨地に牽引拉致した、時に午前十時過であつた。
●本営に於ける軍議は、いよいよ英艦撃攘に一決し、開戦命令を各砲台に伝達せしむべく急使として大久保一蔵を差遣した。
●本営との最短距離は天保山砲台であるが、開戦の命令今や遅しと待つて居た所へ、大久保が馳せ来たので、旗艦「ユリアラス」号に向つて火蓋を切り、―略―。

〔この時期、西郷南洲（隆盛）は沖永良部島に流刑中〕

＊＊＊

町の被害を見てみます。海音寺潮五郎著『西郷隆盛』は「パーシュス〔号〕もまたずいぶん働いた。

薩英戦争の英国艦隊の被害

艦船	死亡者数	負傷者数	一般の能力	
			砲数	噸数
ユーライアラス	10	21	46	2371
パール	0	7	21	1469
パーシュース	1	9	6	−
アーガス	0	6	6	975
レースホース	0	3	4	−
コケット	0	4	4	670
ハボック	−	−	3	−

（『薩藩海軍史』に掲載されている数字より、薩英戦争の英国艦隊の被害を作成しました）

これは市街に向かってさかんに火箭《かせん》をはなった。その一箭が薬種屋の硫黄庫《いおうぐら》にあたったので、忽ち燃え上がり、暴風にあおられて燃えひろがり、上町〔城下町〕のほとんど全部を焼いた」と記述しています。

薩摩英国戦争は一体どちらが勝利したのでしょうか。一般には英国が大勝したと思われていますが、英国も相当の被害をうけています。

十五日正午、薩摩藩は英国艦隊に向かって砲撃を開始します。薩英戦争は薩摩が一方的に打撃を受けた印象がありますが英国艦船は砲撃をうけ、死者を二四名出しています。

薩摩藩家老・川上但馬の対応については、『薩藩海軍史』は「此の一戦の判断は家老川上但馬〔薩英戦争開始直前、ニールに対し返書を送っている。したがって薩摩側の責任者の一人〕の感想を最も的確とすべし」としてその論を紹介しています。

「何分にも敵の照準が的確な所から、我が薩藩方は祇園洲砲台を始め、他の方も皆砲身を確砕され、砲口を撃鎖され廃物に帰せしめられた。尚ほ一日も戦争が継続せば誠に由々敷一大事が到来するのであった。然し、天佑にも暴風雨が俄然襲来した、終りに沖小島の砲撃を浴せたから、稍々我が薩摩藩も形勢を挽回した様にも見へたが、然し市中は上を下への大混雑で、人心恟々として恐怖は一方でなく、勝敗何れやと頓と譯が分からず、五里霧中であった。—中略—敵将が水葬せられ、屍体が渚に寄せたのを見ては、流石に敵多少の損害を被ったなと想像した。何分にも艦内の事は薩張り陸上よりは判明せず、矢張り半分は当方の敗北だと信じて居た」。

家老川上但馬の記述は冷静で、必要な要件は簡潔に皆記載しています。薩摩藩に優れた人材が揃っていたことをうかがわせます。

そして『薩藩海軍史』は次を記載しています。

「此の一戦こそ、薩藩を覚醒せしめたる天来の霹靂にして、又、薩英親睦の端緒を茲に開きたるものと言ふべし」。

この転身のことにつき、吉川南湖著『大久保利通』は次の様に記しています。

「此の時の事を森有礼（文部大臣在職中刺客の刃に殪る）伝（具体的にどの書に言及しているか不明）に左記の一節がある。

英艦襲来の役に於て、一藩皆彼れの兵艦の構造、戦闘の技能に長ぜるに感発する所あり、島津三郎（久光の旧名）、及び大久保市蔵（利通）等の如きは、攘夷の遽に行ふ可らざるのみならず、益々彼の長を取り、我の短を補ふの必要を知り、藩主に献議せり、藩主は之を納れ、開成所を設けて洋学を起こせり」。

薩摩藩の見事な転身です。武力において、幕府を凌駕していきます。

薩英戦争は避けることが出来た可能性があります。英国海軍総督の考え、五代友厚の思惑、そしてグラバーがうまく連携すれば、薩摩藩の船舶を供与することで、決着がついた可能性があったと思います。

薩摩藩はこの戦争によって、①配備していた大砲の完全破損、②所有していた商船の戦闘中の沈没、

③鹿児島市内の大火による被害を蒙りました。
これ等の被害をうけないですむ道はあったでしょうか。

あったと思います。

すでに、見た様に、薩摩藩に対する要求は、「リチャードソン殺害者の審問と処刑を行なうこと、リチャードソンの親族と襲撃された他の三名に対し薩摩侯は二万五千ポンドの賠償金を支払うこと」でした。

ただ、アーネスト・サトウは、「当方には即時砲台を攻撃するつもりはなかった。数隻の汽船を拿捕するという報復措置をとれば、薩摩人は—中略—満足すべき回答を持参するに違いないと、提督は考えたようだ」と記述しています。

ここでは、経済的補償があれば、引き上げる可能性を示しています。

そして五代は「自分の管理する薩摩の船をグラバーに売り、その金を賠償金に宛てようとしていた」状況です。

英国海軍オーガスタス・レオポルド・キューパー提督の考え、五代友厚の思惑、薩摩藩全体そしてグラバーの間の連携がうまくいけば、この合意がうまくいった可能性は十分あります。

薩摩藩としても戦争になれば、自分達の保有する商船は拿捕されるか破壊されるかすることを覚悟せざるを得ないので、これを代償に出す決断はさして難しくありません。

この問題の一番の問題点は、五代友厚が自分の構想を藩全体の意見にできなかったことでしょう。

この戦争は、日本が関係する多くの戦争と同じように、①戦争は必然である、②だったら自分の方から先制攻撃しようということで、英艦隊の砲撃の前に、薩摩藩の砲台から砲撃が開始されたことにあります。

薩摩藩は「生麦事件」の賠償金を支払います。アーネスト・サトウは「生麦事件」を命じたのは島津久光と確信しています。しかし薩英戦争には反対の様です。

薩摩藩は、薩英戦争によって「攘夷」を捨てます。そして英国との友好関係を模索します。

その時の模様を、『一外交官』に記載しています。

＊＊＊

それ〔薩英戦争〕から一か月過ぎて、薩摩の高官二名が公使館へやってきたときには、われわれは驚きながらも、愉快な気持でこれを迎えた。この薩摩人は、二万五千ポンドの賠償金を支払うことを約束した。また、リチャードソン殺害の下手人をあくまで捜し出して、逮捕次第初めの要求通りイギリス官吏の面前で死刑にするという約束をもしたのである。しかしニール大佐は、薩摩の方にこの約束を実行する気のないことを見抜いていたようだ。実際のところ、外国人を斬り仆すように命令したのは島津三郎〔久光〕その人であると想像される確固とした理由があり、その島津三郎を薩摩の人々が捕えて、処刑するなど、全く考えられないのである。なるほど、実際の下手人はこれに扈従《こじゅう》した家来だが、下手人を死刑にすることを要求しながら、その主犯者を処罰せずにほうっておくのではしょうがない。――中略――

すでにわが方は、砲台と町の大半を撃破した。そして、リチャードソンの殺害のことなぞ何も知らぬ多数の無辜《むこ》の人々を、この砲撃で殺戮したに違いない。

さらに再び多数の人々の人命を奪ってまでも贖罪を迫ろうとするのは、決して正当でないと私には思われた。

＊＊＊

アーネスト・サトウは「斬り仆すように命令したのは島津三郎〔久光〕その人であると想像される確固とした理由がある」と書きました。

日本では多くの人が「生麦事件」に言及してきましたが、「島津久光が主犯だ」と書いた本はどれ位あったでしょうか。

アーネスト・サトウは薩摩藩の人々と広く、深い交流を重ねています。多分、強い確証を持ったのだと思います。

「生麦事件」の解決は、薩摩藩が「攘夷」の主張を止めることにつながりました。

薩摩藩は「倒幕」を続けます。しかし、「攘夷」という理念を失った「倒幕」です。

第五章　孤立化する長州藩、そして第一次長州征討へ

文久三年三月十一日（一八六三年四月二十八日）天皇は賀茂神社に行幸し、攘夷を祈ります。基本的にこの行動は長州藩が仕掛けているもので、長州藩は、世子（毛利元徳）が藩の主要人物を率いて参加します。

ここでは、①天皇が攘夷を推進する。それを幕府、各藩が追認する、②長州藩が、天皇を支える最有力藩となる、③「攘夷」は「倒幕」の動きの様相を帯びてきました。

ただ、情勢は目まぐるしく変わり、文久三年七月二日（一八六三年八月十五日）に薩英戦争があって、薩摩藩は大打撃を蒙ります。

こうした中、当然、「倒幕」で突き進む朝廷の態度に懸念を持つ人々が出てきます。

朝廷を巡る激しい攻防、「宮廷クーデター」（文久三年八月十八日〈一八六三年九月三十日〉）

文久三年三月十一日天皇の賀茂神社への行幸で、①天皇が攘夷を明確にする、②長州藩が朝廷を動かす、二つの流れが定まりました。

五月二十日、尊王攘夷派で三条実美と並び逸材と見なされていた姉小路公知（二十五歳）が暗殺されたことにより、各藩に禁門を分衛し、長州藩は堺町門の守衛を行います。ただ、この暗殺で薩摩藩に嫌疑がかかり、一時乾門守衛を解かれています。門の護衛を巡って、後、薩長の対立となります。

こうした情勢に危機感を持ったのが、薩摩藩の島津久光と、福井藩（家格は親藩、三十二万石）松平春嶽です。

島津久光は公武合体の推進者として、朝廷、幕府に、これまでも働きかけを行っています。幕府を説得するため江戸に下り、帰途、生麦事件を起こしたのは、これまで見た通りです。

この本は、実質的には、井伊直弼が殺害された「桜田門外の変」から始まっています。「桜田門外の変」は「安政の大獄」に反発した水戸藩浪士らの行動ですが、この「安政の大獄」は①開国を巡る井伊直弼の行動に反対して、前水戸藩主（斉昭）が不時登城（定式登城日以外の登城）をした→②井伊直弼がこれに反発し、徳川斉昭や松平春嶽に厳しい処分を科したのを契機としています。

更に、島津藩は関白職にある近衛家とは特別の関係にあります。近衛家は忠熙の妻・郁姫（島津興子）が、島津斉興の養女である様に、薩摩藩とは極めて密接な関係にあります。

前関白の近衛忠熙が島津久光と松平春嶽と密接な連絡をとっています。

宮廷内の尊王攘夷派の勢力はますます増し、八月十三日、大和行幸・攘夷親征の詔が出されます。

大和行幸とは、天皇が神武天皇陵・春日大社に行幸して親征の軍議をし、次いで伊勢神宮に行幸するというものでした。ここで攘夷の政策を一段と強めようとしています。大和行幸が実現すれば、「神武天皇の名において攘夷」です。天皇の攘夷に対する姿勢はとてつもなく強固になります。**この大和行幸には倒幕の意向も込められています。**

当然ながら、朝廷の攘夷・倒幕への急激な傾斜に懸念を持つ人々が出てきます。この本ではすでに言及しましたが、徳川慶喜は「大和行幸の時には、もう一層昂まって極度になった。大和に行幸軍議を尽されてというのが倒幕だ」と述べています（『昔夢会筆記』）。

こうした中、突然、朝廷の対応が変わります。

文久三年八月十八日（一八六三年九月三十日）、①大和行幸の延期、②三条実美等の参内を止める、②長州藩が行っていた堺町門の警護を長州藩から薩摩藩に代える、いわば「宮廷クーデター」が起こったのです。

「宮廷クーデター」には三つの要因が重なっています。

①朝廷への主導権を、長州藩から、薩摩藩、幕府に移す。

②朝廷での三条等急進派公家の影響力を排する。

③攘夷路線を軽減する。

文久三年三月十一日から、「宮廷クーデター」の起こった八月十八日の間に何が起こったかというと、薩英戦争で薩摩が敗れています。

クーデターを起こした側の事情を、『島津久光公實紀』で見てみます。

「八月十三日　傳奏飛鳥井中納言大和行幸の勅命を伝ふ。

是より先き廷臣多くは親征の説に同す
聖上中川宮と深く其無謀を憂ひ給ふと雖とも亦如何ともする能はす
八月十四日
十五日〔**中川宮**〕**参内して天機**〔**天皇のご意向**〕**を候はる**
親征の挙固より宸衷〔**天子の心の内**〕**に出でず**反て之を停めんと欲し給う
聖旨〔天皇の考え〕此の如しと雖左右皆激徒にして陛下を輔け大事を定むる者なく遂に此に至る
宮退きて憂思するも之を如何ともする能はす
我藩士奈良原幸五郎高崎左太郎密に之を聞き遺憾に堪へす
宮及近衛二条二公に謁し、聖意を貫徹せんとするの意見を陳す
宮二公と議して之を採納するに決し即夜参内上奏す
上〔天皇〕大に喜ひ直ちに是命あり
十八日黎明守護職及び所司代に勅して九門を厳守せしむ
我が藩兵命を奉し堺門に至り長藩に代らんとす長藩之を訝り強弁巧辞事に託して敢て退かず。勅使鷹司邸に臨み諭す所あり長人已むことを得ず退去す」。

大筋は次の様なものです。

「会津藩と薩摩藩を中心とした公武合体派は、中川宮朝彦親王を擁して朝廷における尊攘派を一掃する計画を画策していた。

八月十五日、松平容保（京都守護職、会津藩主）の了解のもと、薩摩藩士、会津藩士が中川宮を訪

れて計画を告げ、十六日に中川宮が参内して天皇を説得、翌十七日に天皇から中川宮に密命が下った。**八月十八日午前一時頃、**中川宮と松平容保、ついで近衛忠煕（前関白）近衛忠房父子・二条斉敬（右大臣）らが参内し、早朝四時頃に会津・薩摩・淀藩兵により御所九門の警備配置が完了した。**かかる状況下での朝議によって、大和行幸の延期や、尊攘派公家や長州藩主毛利敬親・元徳父子の処罰等を決議した。長州藩は堺町御門の警備を免ぜられ、京都を追われることとなった。十九日、長**州藩兵千余人は失脚した三条実美・三条西季知・四条隆謌・東久世通禧・壬生基修・錦小路頼徳・澤宣嘉の公家七人とともに、長州へと下った（七卿落ち）」。

京都にいた長州藩の木戸孝允は、このクーデターに際して、攻撃するか、一旦退却するかを考えますが、ここでは一旦退却を決めます。

長州藩の攘夷・倒幕傾斜で、緊迫が高まっていく中、伊藤博文、井上馨は英国に留学します。

この時期、伊藤が英国行きを決断したのは井上の強い勧めがあったからです。

文久三年五月十日（一八六三年六月二十五日）攘夷の期限です。この日、長州藩はアメリカの商船を砲撃しています。

そのように微妙な時期なので、伊藤は英国行きを久坂玄瑞（松下村塾では晋作と共に「村塾の双璧」、尊王攘夷運動の中心人物）に相談すると「それは不可ん、今になって洋行などは止せ」と言われています。

ただ、父には五月十日付で「今日の急務は彼の情実を詳《つまびらか》にし、かつ海軍の術に熟さずしては相叶わざる事と存じ奉り」と書き送っています（『密航留学生たちの明治維新』）。

ただ、井上は英国留学には、強い思いで臨んでいます。

「佐久間（象山）の言ふ如く攘夷は決して実行は出来ぬと云ふことに付て、私は半信半疑ではありましたけれども、武備充実論に至りては吾々が従来の素論であり、海軍興隆論とも符合するものである。**今日まで時勢の潮流に駆られて、軽挙盲動をしたのは大いに悪かつた。**やはり初志の如く専ら海軍興隆に従事するが肝要であると、決心を固めました。……これにはどうしても外国へ遊学して、海軍の学術を研究する必要がある」（『密航留学生たちの明治維新』）。

この時期、井上馨は「攘夷」が実現できないことを理解して、その上の英国行です。この時点で「攘夷」と手を切った訳でない伊藤博文とは少し異なります。

文久三年四月十八日（一八六三年六月四日）井上等は藩主より洋行の内命を受け、途中で伊藤が参画して、五月十二日ジャーディン・マセソン商会の船で横浜を出港しています。

英国留学中の伊藤博文（俊輔）と井上馨（聞多）は急いで帰国して、長州藩に柔軟な路線をとるよう説得を試みます。

長州藩は攘夷の政策をとっていますが、合わせて近代化も考えています。

井上馨（当時は聞多）の説得で、伊藤博文（当時は俊輔）は英国留学を決断します。お金の工面は伊藤博文が行い、横浜の大黒屋六兵衛から調達します。

彼等（計五名）は下宿した先が大学教授宅で化学の教授だったこともあり、化学を学びます。

しかし、井上馨と伊藤博文は長州藩と西洋諸国との間の衝突が迫っていることを知り、帰国を決断します。

伊藤博文の方から見てみます（出典『維新風雲回顧録』）。

「馬関（海峡、下関）で攘夷を始めたと云ふことが倫敦タイムズに出たそれから其のタイムズを字引と首引で読で見た所是れは可かぬと思つた、**英吉利へ来て英吉利の文物が開けて居る有様を見て却々攘夷などと云ふことは行ふべきものでないと云ふことを断定して仕舞つた。**是れは打捨てて置くとどうしても国を亡ぼす。国を亡ぼした以上は吾々が学問をして帰つても始末が付かぬ**から帰って攘夷論を覆《ひっく》り返さうと云ふ議論を出した、今の井上馨も其の論に同意した**」。

すでに見た様に、井上馨と伊藤博文の間には当初隔たりがあったようです。

井上は英国に着く前、途中で上海に立ち寄った頃から攘夷を捨てています。

「上海に到着するや、公（井上）は甲板上に立つて碇泊所の内外を看渡すと、軍艦・蒸気船・風帆船などが幾百隻となく所狭きまで投錨し、出入の船舶も頗る頻繁を極め、その繁昌の景状には実に一驚を喫した。初め、公（井上）は海軍を興隆して真の攘夷を実行しようと欲し、佐久間象山の説を聞くに及んでその論旨と符合の点があるのを喜んだが、攘夷の一事だけは半信半疑の間に在つた。**而して上海に来て実際の景況を観るに及んで、深く感ずる所があつた。従来の迷夢は頓に覚醒した。即ち**

公は、我が国人も攘夷の謬見を破り、開国の方針を執つて進まねば、将来国運の隆盛は望むことは出来ないのみならず、却つて自ら衰亡を招くことに至ろうと感じたのであつた。―中略―伊藤は「日本を出て僅か四五日で巳に攘夷の初志を変ずるやうな事は、丈夫の恥ぢる所でないか。」とて、公の説を斥けて同意しなかつた」（『世外井上公傳』井上馨侯傳記編纂会）。

井上はロンドンにつき、その繁栄ぶりに驚き、攘夷の念の如きは忽ち烟散霧消して、其の跡を留めざるに至れりという状況になりました。

さて、伊藤は「馬関（海峡、下関）で攘夷が始まったということがロンドン・タイムズに出た。それからそのタイムズを字引と首っ引きで読んでこれはいかぬと思った」と書いています。「字引と首っ引きで読む」状況ですから、「ロンドン・タイムズ」を定期的に読んで見つけたという訳ではなさそうです。どうして彼等はこの記事を見つけたのでしょう。ジャーディン・マセソン商会の代表が絡んでいるのです。

不思議な所に英国側の関与が記述されています。『伊藤博文伝』に「ヒュー・エム・マヂソン回想録抜粋」が掲載されています。ちょっと考えてみて下さい。『伊藤博文伝』にわざわざ「ヒュー・エム・マヂソン回想録抜粋」を載せているのです。編集者は伊藤を理解する上で、マヂソンとの関係が重要だと判断したのです。記載内容を見てみます（英文を筆者が訳）。

●一八九五年三月四日ウエストミンスター・ガゼッテに伊藤首相とのインタビューが出た。〝はい。**私はマヂソンの子飼い（BOY'S）の一人です。**私は彼に負う所、大です。三十一年前の事ですがハムステッドの家は忘れません〟。

●ロンドンに到着すると船長は彼等を私の事務所に連れてきた。私は居住の場所や教育のアレンジをした。

●私は彼等と屢々あった。

●一八六四年一月、薩摩藩の行動に関係して、**私が彼等に言及した日本からの情報に関連して**、彼等は連名で、二名は帰国しなければならないと連絡してきた。

●彼等はオールコック公使との会談のアレンジを私に依頼してきた。

日本に深刻な事態が生じていると彼等に最初に説明したのはマヂソン氏です。

英国公使オールコックは長州藩に対し膺懲《ようちょう》を加えることを決心しています。

私達はすでに、英国が「阿片戦争」を開始する際に、マヂソン商会が開戦に向けてロビー活動をしたのを見ました。マヂソン商会は当然、英国の基本政策は知っていると思っていいでしょう。だからマヂソン氏が伊藤氏等に警告を発したのだと、見られます。そのようなマヂソン氏の言であるから、伊藤氏が帰国を決意したのだと思います。

オールコック英国公使は、「長州藩の敵対的態度に対し膺懲を加えようと決心していた。薩摩をやっつけたから、次は長州だ」と考えます。

英国公使オールコックは文久二年二月（一八六二年三月）一時英国に帰国します。同年八月（九月）生麦事件、文久三年七月（一八六三年八月）薩英戦争が起こり、オールコックは元治元年二月（一八六四年三月）に江戸に帰任しました。

文久三年三月には将軍徳川家茂が上洛し、朝廷は攘夷を申しつけ、幕府は五月十日（一八六三年六月二十五日）攘夷を実行することを奏上し、諸藩にも通達しています。

攘夷期日の五月十日、長州藩はアメリカ商船ペンブローク号を砲撃します。

五月二十三日、フランスの通報艦キャンシャン号に砲撃します。砲弾は命中し、交戦の中でフランス側に死者が出ています。

五月二十六日、オランダの軍艦メデューサ号が砲撃され、十数発被弾し、四名が死亡しました。

こうした状況を反映し、オールコックは長州藩攻撃を決意しています。

アーネスト・サトウは『一外交官』で次のように記述しています。

「ラザフォード卿〔オールコック〕は帰任するに際し、実に大きな権限をあたえられてきていた。彼は、長州藩の敵対的態度に対し膺懲を加えようと決心していた。われわれは、もはや薩摩の好意を獲得したと言ってもよかったので、もう一方の攘夷派の首魁《しゅかい》である長州に対しても薩摩に対したと同様の手段を用いるならば、同じく有利な効果が得られるものと充分に期待していた」。

オールコック公使は長州征伐を意図し、多分、英国政府の承認を得たと思って日本に帰任しています。

「英国は長州を武力攻撃する」というこの情勢をマヂソンが把握し、それを伊藤等に伝えたので、伊藤博文、井上馨が急遽日本に帰ったとみられます。

伊藤博文と井上馨は帰国して先ず、オールコック公使に会います。彼の覚書を持って、長州に、英国の軍艦に乗って向かいます。

伊藤博文と井上馨は元治元年六月十日（一八六四年七月十三日）横浜に上陸し、オールコック英国公使を訪れます。『維新風雲回顧録』の中で、井上馨はオールコックとの会談では「サトウが通弁だつた」と述べています。

伊藤博文は「馬関海峡で、長州藩と西洋諸国が武力衝突する可能性がある、自分達はこれを止めたいと思い帰国しました。陸上で長州まで早急に帰るのは難しいので、軍艦で送って欲しい」と依頼します。

『一外交官』を見てみます。

「ラザフォード・オールコック卿は、―中略―もし日本側が二十日以内に下関海峡を再開するという満足な保証をあたえなければ、外国艦隊を同地へ急派して、長州藩主の非を正すであろうと警告した。**不思議な偶然の一致であるが、**その時ちょうど―中略―（伊藤俊輔（後、博文）と井上聞多（後、馨））が外国から帰朝したばかりのところであった。―中略―この二人は、煉瓦塀に自分の頭をぶっつけるのは無益だということを藩の同志に警告しようと、知識を身につけて、日本へ帰って来たのであった。

伊藤と井上はラザフォード卿に面会して、―中略―卿はこの好機を直ちに捕え、長州の大名と文書による直接の交渉に入ると同時に、一方では最後の通牒ともいうべきものを突きつけ、敵対行動をやめて再び条約に従う機会を相手に与えようと考えた。卿は仲間の諸公使の承諾を得た上で、伊藤と井上の二人を便宜の地点に上陸させようと、二隻の軍艦を下関の付近へ急派したが、その際この両名に一通の長い覚書を託して、藩主へ提出させることにしたのである」。

アーネスト・サトウは「不思議な一致」と述べていますが、私はすでに記述した通り、マヂソンが把握し、それを伊藤等に伝えたので、伊藤博文、井上馨が急遽日本に帰ったと思います。「不思議な一致」ではなくて、必然です。

伊藤達が使った表現を見てください。「煉瓦塀に自分の頭をぶっつけるのは無益だということを藩の同志に警告する」とあります。煉瓦塀はこの当時日本にはありません。英語で「hit a brick wall」はよくある表現です。私はこの表現こそ、マヂソンが伊藤らに与えた教訓と思います。

オールコック英国公使は伊藤博文・井上馨に和平提案を行います。藩主は理解を示しますが、山県有朋等いきり立つ人々は伊藤等を「殺すぞ」と脅し、和平案は流れます。

オールコック英国公使は仏、蘭、米の公使を招いて対応策を協議します。ここで各国共通で手紙を作成し、長州藩に送ることになります。これをアーネスト・サトウ等が日本語にしています。英国側は伊藤等を姫島まで送っていきます。長州に帰った伊藤は、とても各国公使の書簡を提示できる雰囲気でないということで、書簡は直接提示されてはいません。彼等が長州藩で説明をした時の模様を『世外井上公傳』で見てみます。

「公等が懇請した君前会議開会の事は、敬親父子が直ちに採納し、六月二十七日開会の命があった。当日敬親は定広と共に臨席し、家老以下要路の諸臣尽く之に陪列した。―中略―公〔井上〕の説明が終ると、家老宍戸備前が先づ口を開き、既に会議にて決定した攘夷の藩是に反対した理由を推問した〔**長州藩では「近日外国の艦隊が大挙して襲来するとの風説は、長崎・横浜からの報告で略々これを伝聞したが、縦令幾百隻の軍艦が来襲しても、藩一致死力を盡して防戦する」という藩是が決定されている**〕」。

宍戸備前は、後、四国連合艦隊下関砲撃事件（馬関戦争）で講和使節として派遣され、第二次長州征討戦争では芸州口の指揮官となり、幕府軍を撃退しています。

公は孫子謀攻篇に、『知彼知己百戦不殆。不知彼而知己一勝一負。不知彼不知己毎戦必敗（ママ）。〔彼を知り己を知れば百戦して殆うからず。彼を知らずして己を知れば一勝一負す。彼を知らず己を知らざれば戦う毎に必らず殆うし〕』とあるのを引用して、**藩政府員が未だ外国富強の実況を知らず、無謀にも攘夷を断行し、我が不完全なる兵と武器とを以て、かの堅艦利器に当たろうとするのは、『不知彼不知己』に当たることを説き、公の帰国した所以は無謀なる攘夷を諫止して、切迫した我が国の危急を避け、而して開国の方針を執つて将来の維持を謀らうとするものである事を、公が洋行中に見聞した実例を挙げて詳述した。**―中略―

藩政府員の中にも反問した者があったが、公は一々之れを弁駁し、―中略―開国論を主張すること殆ど五六時〔間〕、―中略―配膳係が出て来て、藩主晩食の膳羞が已に成つたことを報じたので、―中略―他日を期して更に審議することにして一同退出した」（『世外井上公傳』）。

連合艦隊来襲の危険を説く井上馨は、どのように扱われたでしょうか。

この問題もまた、『世外井上公傳』で見てみます。

藩主の前で述べる前。

「公等が帰国して開国論を主張したことは、早くも山口一般に伝播したので、諸隊その他の人士は大いに憤り、『井上、伊藤の両人が夷国の風に感染して開国論を主張するのは甚だ憎むべきである。今や外夷は艦隊を進めて下関に襲来しようとしてゐる。―中略―彼等は―中略―外夷の為に国論を一変しようとするとは**全く売国の姦臣である**。戦期も已に近日に迫つてゐるから、先づ**彼等二人を斬つて攘夷の血祭と為すべきである**』などと話合ひ、頗る激昂の態であった」。

君前会議の後、藩主は毛利登人を彼等の旅宿に遣わせ、登人は次を述べる。

「今や全藩の人心は攘夷に熱狂し、貴君達が外国軍艦に搭乗して帰国したと聞くや、或者は外夷の間諜であるといひ、或者は外夷の説客であるといひ、上下一般非常に憤慨し、―中略―貴君等を目するに国賊の名を以てし、殊に君側の人々は若し藩主及び世子にして彼の二人の議論を採用するに於いては一同御暇を請ふ外はないとて、既にその旨を言上に及んだものさへある。**人心の沸騰かくの如くであつて見れば、藩主及び世子からの説諭があつても恐らくは之に服従せぬのみならず、却つて激昂の度を高め、如何なる事変を醸すかも測り難いから、防長二州が縦令焦土に為ることがあつても、勅命を奉じ人心の向ふ所に従つて、一意攘夷を遂行したい決意である**」。

藩主も、毛利登人も、伊藤博文・井上馨の両名の述べることは正しいと判断しています。しかし、多くの人々は激昂しており、仮に藩主が伊藤博文・井上馨の論を採用すれば、その激昂が藩主に向かい、藩主下しにつながることも理解しています。

そして、長州の土地が焦土に為っても、現在の政策を続けるしかないという決断をしています。日本の「真珠湾攻撃への道」にそっくりです。同じ現象は、後で見る様に、鳥羽・伏見の戦いの時にも起こっています。将軍徳川慶喜が「このごとき有様にては、戦うとも必勝期し難きのみならず、遂には徒に朝敵の汚名を蒙るのみなれば、決して我より戦を挑むことなかれ」と実際に起こったことを予測して警告していますが、しかし、板倉勝静・永井尚志等は「公もしあくまでもその請を許し給わずば、畏けれども公を刺し奉りても脱走しかねまじき勢いなり」と言っています（『昔夢会筆記』）。玉砕論者が勝つのです。

伊藤、井上両名は命を狙われていることを承知しています。

『世外井上公傳』は次のように記述しています。

「当時防長の人士は、君寃雪白の事に熱中するとともに、外艦来襲せば之を撃破しようと欲し、意気頗る軒昂であった。従って公等に対する悪感情は益々その度を高め、或は姦物と呼び、或は国賊と叫び、動もすれば刺殺の暴挙に出でようとした。公は熟〻かかる形勢を視て、その生命の朝露に等しきを感じ、急に山口を発して萩城下に赴いた。これは公の姉の常子及び平生無二の知己である高杉晋作を訪うて、予め、永訣を告げようとした為である」。

下関攻撃を前に、アーネスト・サトウは、英国などの攻撃目標である砲台の調査に出かけています。

伊藤博文と井上馨を乗せた軍艦は長州に向かいましたが、この船は斥候の役割も持っています。

『一外交官』は次を記述しています。

「レイ工兵少佐、フランスの士官（レール少佐）、それにオランダの海軍士官一名が、砲台の現状について情報をできるだけ集めるために派遣されることになり、私もまた同僚のJ・J・インスリー君と一緒にこの一行に加わったのであるが、これは私にとって大きな喜びであった」。

英艦は七月二十六日（元治元年六月二十三日）姫島沖に投錨しています。

最初の目的、伊藤博文や井上馨に託したオールコック英国公使の書簡に対し満足な回答を得られなかったこともあり、英艦は引揚げ、八月十日（七月九日）横浜に到着しています。

四国連合艦隊が下関を攻撃します。アーネスト・サトウはキューパー提督付き通訳官になっています。

四国連合艦隊は次のものです。数字は大砲の門数です。

英：ユーリアラス（旗艦）35、ターター21、バロサ21、コンカラー48、レオパード18、アーガス6、コケット14、バウンサー2、

仏：セミラミス35、デュプレクス10、タンクレード4、

米：ターキャング1、
蘭：メタレン・クルイス16、ジャンピ16、アムステルダム8、メズサ16
（『一外交官』）

アーネスト・サトウは次の様に書いています。
「九月四日（元治元年八月四日）―中略―ユーリアラス号を先頭に立てた八隻のイギリス軍艦を中央に、フランス艦隊―中略―がその左にならび、オランダの軍艦四隻が右にならんで、下関海峡へ向かって航進をおこしたのである。無敵の強さをほこる連合艦隊が、紺青の山々を枠とした鏡のように横たわるなめらかな内海を横断して、静かに進んでゆくのは見事であった」。

連合艦隊の火力は、英国の薩摩藩攻撃時よりははるかに強化されています。

翌日、午後四時十分に戦闘が開始されます。

その翌日、合計一九〇〇名が上陸し、内英国兵は一四〇〇名、アーネスト・サトウもその中にいますが、ほとんど反撃を受けていません。

薩英戦争では、寺島宗則や五代友厚が戦争を避けるために、薩摩藩の持つ船を売って賠償金を作る案を提示しますが、彼等はいきり立つ薩摩藩の人々から、「お前からやっつけようか」と脅かされています。

四国連合艦隊下関攻撃の時も、伊藤博文や井上馨がオールコック公使の和解案を持ってきますが、「お前が仲間で無かったら殺したところだ」と脅されています。脅した中には山縣有朋も含まれています。

英国側と長州藩側が和平をまとめます。アーネスト・サトウは通訳を務めます。伊藤博文は英側との交渉に参加します。


長州藩の抵抗はほとんどなく、砲台は破壊されます。

ここから展開は順調に進んでいきます。

九月八日（八月八日）、伊藤博文が家老と共に艦艇を訪れます。これから、長州藩の様々のレベルとの折衝がもたれていきます。アーネスト・サトウは通訳を行っています。

そして九月十三日（八月十三日）最終的に英国側キューパー提督と、藩主が蟄居しており、その名代としての家老の宍戸備前、毛利出雲（毛利登人）等の代表団と合意に達します。この中に伊藤博文も加わっています。

合意の内容は三点です。

第一に、今後砲台は一切築かぬこと。

第二に、代償金を払う事（下関の町は英国の船に発砲したのだから、当然破壊しても構わなかったが、街を損なわずに残したから。その代償金を支払うべきである）。

第三に、海峡を通過する外国船に対しては親切な取り扱いをすること。

こうした交渉を通じてアーネスト・サトウは長州について次の印象を持っています。

「長州人を破ってからは、われわれは長州人が好きになっていたのだ。―中略―大君の家臣たちは弱い上に、行為に表裏があるので、われわれの心に嫌悪の情が起きはじめていたのだ。そして、それ以来、私はますます大名の党派に同情を寄せるようになったが、大君の政府はわれわれを大名たちから引き離そうと、いつも躍起になっていたのである」。

後、英国はアーネスト・サトウを含め、明確に倒幕の姿勢を強めていきますが、その気持ちは、一八六四年に出来ています。アーネスト・サトウは次の様にも記載しています。

「ヨーロッパの戦争方式の優越性が実証された結果、われわれにとって最も手ごわく、最も決定的な敵であった薩、長二藩を、われわれの確固たる味方に改変させることができたのである」（『一外交官』）

「薩摩人にせよ、長州人にせよ、われわれの行為に対して何ら恨みをいだく様子もなく、そのころから引き続いて生じた擾乱と革命の幾年月の間、常に、われわれの最も親しい盟友であったという事実は、少なからず注目に値する」（同上）。

そして、この盟友と位置付けられている人物に伊藤博文と井上馨がいます。

実は伊藤博文も井上馨と共にアーネスト・サトウに倒幕を説得しています。

アーネスト・サトウは、後、一八六六年三月（慶応二年一月）に、『英国策論』を発表します。

この『英国策論』は①将軍は主権者ではなく諸侯連合の首席にすぎず、現行の条約はその将軍とだけ結ばれたものである、②現行条約を廃し、新たに天皇及び連合諸大名と条約を結び、日本の政権を将軍から諸侯連合に移すべきである、を内容として持ち、倒幕運動に大きい影響を与えます。

このアーネスト・サトウに伊藤博文もまた、「幕府側につくべきでない」と述べています。

すでに私達は伊藤博文と井上馨が、長州藩に「戦争を行うべきでない」と述べるのに英国から急遽帰って来たのを見ました。そして、英国公使オールコックの書簡を持って長州藩に説得に出かけたのを見ました。結局長州藩は満足できる回答を与えることが出来ず、連合艦隊の下関攻撃になりました。伊藤博文と井上馨は四国連合艦隊の下関攻撃を止める回答を持って来ることは出来ませんでしたが、この二人はアーネスト・サトウに次の様に進言しています（『一外交官』）。

「外国の代表は大君〔将軍〕を見限って大坂へ行き、直接天皇と条約を結ぶために、天皇の大臣たちと会見するのが一番の上策であろう」。

これに対してアーネスト・サトウは自分の反応を次の様に書いています。

「当方に対して、直ちに天皇と交渉を開始せよという両人の提言は、まことに大胆きわまるもので、その通りに実行したら、彼らの意図を助長するよりも、むしろ害することになったろう。**時機はまだ熟していなかった。なぜなら、将軍の権威は、今や、大分弱まってはいたが、大多数の大名はいまだに将軍を認めて、これに服従していたからである。**将軍の軍隊は、その時分にはまだ武器の劣等さを暴露してはいなかったし、またほとんど時を同じくして、長州藩主の軍勢は京都へ進撃し、会津、薩摩を味方とする大君〔将軍〕の防戦にあって惨敗を喫したのである」（『一外交官』）。

アーネスト・サトウが伊藤博文と井上馨から「外国勢は倒幕に動け」と言われ、「機は熟していない」と判断したのが一八六四年八月（元治元年七月）です。

アーネスト・サトウが倒幕を主張する『英国策論』の基となる英文は、ジャパン・タイムズに一八六六年三月（慶応二年一月）に発表されています。

僅か一年半しかたっていません。この間にアーネスト・サトウは「幕府と協力」の姿勢から「倒幕」に代わっているのです。事態が如何に急激に変化しているかを示しています。

実は英国外相は下関攻撃を実施するなという指示を出していました。だが当時の通信状態で間に合わず。オールコック公使は大臣の意に反した行動をしたとして罷免されました。

伊藤、井上が藩主らに戦争回避を説いたが強硬論の強い長州藩は四カ国公使側に、「攘夷行動（具体的には下関海峡を通過する外国船舶への砲撃）を止める」という確約を与えられませんでした。

他方、オールコック英国公使は長州藩に懲罰を加える決意をしていたので、英国などの下関攻撃は不動のものとなりました。

だが、これは英国外務省の思惑とは異なっていたのです。アーネスト・サトウ著『一外交官』を見てみましょう。

「当時、セイロン以東は電信が通じていなかったが、〔一八六三年〕七月二十六日（元治元年六月二十三日）付の本国からの急信、すなわち**日本内地においては断じて軍事行動をとることを許さず、日本政府ないし大名を相手に海軍が軍事行動を起こすのは、単にイギリス臣民の生命財産を保護するための防衛手段たる場合に限るという急信が、公使にあて途中まで来ていたのであった。**それが公使の手許に着いたころには、すでに公使の計画は最善の効果をおさめて、成就されていたのである。そして公使はジョン・ラッセル卿〔当時の英国外務大臣〕の意に反して行動したという廉で譴責され、そのポストから罷免されるに至った」。

十月頃、オールコックは解任されます。

「オールコック卿が外相ラッセル卿から本国召還の急信を受け取ったのは。このころのことであった。―中略―このロンドンへの召還命令には、瀬戸内海の通行は外国人の通商に必須な要件ではないという意見の表示が付帯していたので、それはオールコック卿の行為を譴責したも同然のものだった」。

「不思議なことに、この時期、長州藩は四国連合艦隊との戦いと、京都での蛤御門の変をほぼ同時期に起こしています。双方共無理な戦いで、両戦闘とも敗北していきます」。これではいかがでしょうか。

後々、倒幕は、長州藩と薩摩藩が中心になって行われました。

しかし、倒幕の動きが本格化する前、一八六三年（文久三年）の時点では、薩摩藩と長州藩は対立の中にあります。

一つは朝廷に対する影響力を巡っての抗争です。

それより重要なのは、「攘夷が実行できるか」の判断を巡る攻防です。

攘夷を巡る動き		朝廷を巡る動き	
文久4年、元治元年（1864年）			
文久4年1.24（1864.3.2）	オールコック英公使帰任 長州藩への厳しい対応を意図。		
		元治元年6.5（1864.7.8）	池田屋事件（長州藩士等殺される）
元治元年6.18（7.21）	伊藤博文・井上馨帰国後英国公使に会う		
6.25（7.28）	長州藩、伊藤・井上の和平主張を却下		
		7.19（8.20）	長州藩兵、大挙し上京。幕兵と交戦し敗北（蛤御門の変）
		7.23（8.24）	長州藩主の征討の朝命
7.27（8.28）	四国英仏米蘭艦隊、横浜出航		
8.5～7（9.5～7）	連合艦隊、下関砲撃		
8.8（9.8）	長州藩、和議を請う		
8.14（9.14）	和議成立		
		11.11（12.9）	長州藩主服罪。蛤御門の変の責任者自刃
11.26（12.24）	オールコック解任帰国		
元治２年（1865年）			
		元治2年1.1（1865.1.27）	藩主の服罪により長州征討軍を解く
		1.2（1.28）	高杉晋作ら下関に挙兵

一方において、長州藩は、天皇を中心とする全国的攘夷運動を推進します。一方において、薩摩藩は薩英戦争で英国軍艦の力をまざまざと見せつけられましたし、何と言っても鹿児島城下が焼き討ちにあって、「攘夷」はとても実施できないと認識しています。この認識の違いが朝廷内部の権力闘争も巻き込んで政局を動かしていきます。英国は朝廷内権力闘争に直接加わっていません。後の幕府と薩長の戦いにも直接加わっていません。しかし、薩長両藩の対立に英国等とどの様な関係を持つかが重要論点です。英国は目に見えない最大の参加者とも言えるのです。

長州藩はすでに言及したように、①攘夷の面で四国連合艦隊の攻撃と、②朝廷への働きかけの動きが、双方共武力が絡むにもかかわらず、ほぼ同時に進行させています。とても信じられる状況ではありません。この時期、長州藩首脳は、藩を掌握する能力がなかったと言えるでしょう。

この①攘夷を巡る動きと、②朝廷を巡る動きとを時系列的に並べてみます。

四国連合艦隊下関攻撃を前に、先ず、京都で、何故長州藩が「蛤御門の変」を起こしたのか、井上馨がキューパー提督に説明を行っています。

四国連合艦隊下関攻撃の時、アーネスト・サトウはキューパー提督の通訳です。キューパー提督は京都の情勢に関心を持ち、質問したのに対して、井上馨（志道）は次のように説明しています。

「長州は天皇と大君（幕府）の両方から『攘夷』の命令をうけ、極力それに従って行動した結果、

得たものは大きな罵詈に過ぎなかった。こうした仕打ちに驚き、かつ気を悪くした長州藩主は、その理由を問うためたびたび使者を京都へ遣わしたが、かえって長州藩士は京都から追放され、藩主は二度と京都へ上ることを差し止められた。藩主はこの不法な処置に憤慨し、家来も主君の苦境に痛く同情した。ついに家来の一隊は、もはや我慢がならぬと、天皇の大臣に釈明を求めるために、京都へ向かって出発した。家来たちは手に手に、刀、槍、その他の武器を携えた。なぜに？　それは、前に、否すでに二回にわたって、会津藩が京都にいた長州人たちを皆殺しにしたことがあったからだ。そこで長州藩の家来たちは言った。「今度も、会津はわれわれを襲撃するかもしれない。その場合に、われわれは身を守らなければならない。むざむざ死にはしない」と。藩主はたまたま家来たちの発足を耳にし、三人の家老をやって呼び戻そうとしたが、彼らは帰国を承知しなかった。すると、京都の長官は長州の留守居役を呼びつけて、上京の兵士たちを帰国させるように説き、「もし命令をきかなければ、当方で彼らを襲撃する」と申し渡した。留守居役がこれを拒絶したので、戦闘が開始された。

最初バロサ号が外国の代表の手紙をもって姫島に行ったときには、藩主はその世子を上京させて天皇との連絡をとらせようとしたのであるが、事態が紛糾して、何事も果たすことができなかったと。志道《しじ》〔井上馨〕は、『長州藩が天皇に対して反逆の意図を有したものと思われては困る、長州藩士は自分たちの受けた仕打ちについて釈明を求めようとしただけで、他意はなかったのだ』と言った。

井上馨（志道）の説明は、藩主等長州藩の姿勢は、①何故長州藩主が京都に上れないかの説明を求める、②使者が攻撃されるのを防ぐため、武装する、③朝廷に反逆する意図は全くないとするものですが、京都に向かった武装集団は全く異なった行動をとります。」

とにかく、感情を基礎としての軍事行動は冷静な状況分析が出来ませんから、通常悲惨な結果を招きます。

文久三年八月十八日（一八六三年九月三十日）、「八月十八日の変」（「文久の政変」、「禁門の政変」等とも呼ばれる）と呼称される「宮廷クーデター」が起こり、朝廷内の主導権は、長州藩から、幕府・会津に移ります。新選組の起こした池田屋事件がこの流れに影響を与えます。

長州藩の動向を見る時、一八六四年七月八日（元治元年六月五日）に、京都三条木屋町（三条小橋）の旅館・池田屋に潜伏していた長州藩・土佐藩などの尊王攘夷派志士を、京都守護職配下の治安維持組織である新選組が襲撃した池田屋事件が大きな影響を与えています。

井上馨（志道）がアーネスト・サトウの通訳でキューパー提督に「蛤御門の変」を説明した時も、「二回にわたって、会津藩が京都にいた長州人たちを皆殺しにしたことがあったからだ」と説明しています。

将軍徳川家茂は文久三年三月四日上洛し、三月七日に、義兄に当たる孝明天皇に攘夷を約束しました。そして、既に見たように、三月十一日（一八六三年四月二十八日）天皇は賀茂神社に行幸し、攘夷を祈り、将軍家茂もこれに同行しました。

攘夷全開です。

将軍家茂は京都に留まります。倒幕勢力が京都に集まっています。

幕府は京都所司代と京都町奉行だけでは危ないと判断し、浪士組の結成を企図します。当初、「壬生浪士組」と呼ばれますが、八月十八日の政変での働きが評価され、「新選組」という名がつけられます。

この新選組が、元治元年六月五日（一八六四年七月八日）京都三条木屋町池田屋に潜伏していた長州藩・土佐藩などの尊王攘夷派志士を襲いました。池田屋事件と呼ばれるものです。

新選組は、尊王攘夷派志士が「中川宮を幽閉、一橋慶喜・松平容保らを暗殺する」という計画を持っていると判断します。

長州藩での倒幕派の中心人物、木戸孝允（桂小五郎）も危うく殺されるところでした。彼自身の記述を見てみたいと思います。

「六月五日、会桑及新選組暴に長州人を捕縛し或は撃殺せり。長人大いに怒る。孝允等も此夜旅店池田屋に会するの約あり。初夜（五つ時）此屋に至る。同志未た来たらず。依て一去て又来らんと欲す。対州（対馬藩）の別邸に至る。于時而て未経数刻又会。新選組暴に池田屋を襲ふ。宮部鼎蔵、吉田稔麿等其外難に斃るるもの十余名」。（『木戸孝允文書』、読みやすくするため、句読点を補足）

こうした経過を記述した後、**「天王山に兵を出す此に基けり」と記しています。**

「天王山に兵を出す」は自滅を意味します。

逆に言えば、相手を挑発し自滅の道に誘い込む手段もしばしば見られます。

後に出てくる「鳥羽・伏見の戦い」は、あの時期京都には薩摩藩を中心に戦闘準備が出来て居ますから幕府側はこれを避けなければなりません。しかし、西郷隆盛は江戸で騒乱を起こし、幕府側の怒りを誘って戦争に誘い込んでいます。

蛤御門の変（別名禁門の変）で長州藩は勢力挽回を目指し、京都で挙兵しますが、敗退します。

長州藩は「八月十八日の変」（文久三年八月十八日（一八六三年九月三十日））で、朝廷への影響力を剝奪され、御門を守る目的で京都にいた長州藩兵も長州に帰ります。

これにどう対応するかで、長州藩では見解が分かれます。

一方で、事態打開のため京都に乗り込み、武力を背景に長州藩の無実を訴えようとするグループがいます。このグループには来島又兵衛、真木和泉（保臣、筑後久留米の神官）等がいます。

他方、軍事行動には慎重であるべしとするグループがいます。当初、このグループには、木戸孝允（桂小五郎）、高杉晋作、久坂玄瑞らがいます。

この時期に池田屋事件が起こりました。殺された中には、久坂玄瑞、高杉晋作と共に松陰門下の「三秀」と呼ばれた吉田稔麿も入っています。

ここで長州藩の空気が変わり、福原元僴や益田親施、国司親相の三家老等は、「藩主の冤罪を帝に訴える」ことを名目に挙兵を決意します。

福原元僴は、伏見長州藩邸に布陣した長州藩主力軍の総大将として伏見街道を進みますが、途中で交戦し敗退して長州に帰っています。益田親施も国司親相も京都で敗退し、長州に帰っています。

元治元年七月十九日（一八六四年八月二十日）、御所の西辺である京都蛤御門付近で長州藩兵と会津・桑名藩兵が衝突します。一時長州側が中立売門を突破し京都御所内に侵入します。薩摩藩兵が援軍に駆けつけ形勢が逆転します。この御所内に入った行動で長州藩は「朝敵」となって苦しんでいきます。

久坂玄瑞、寺島忠三郎らは朝廷への嘆願を要請するため侵入した鷹司邸で自害しました。

真木和泉らは天王山に逃れ、小屋に立て籠もりましたが、会津藩と新撰組に攻め立てられ火を放って自爆します。


朝廷は幕府へ対して長州追討の勅命を発します。第一次長州征討へ。長州藩においては「朝敵」となるつもりなど全くなく、予想外の展開に追い込まれました。


元治元年七月二十四日（一八六四年八月二十五日）、朝廷は幕府へ対して長州追討の勅命を発します。

「松平大膳大夫（毛利敬親）儀、かねて入京を禁ずるところ、陪臣福原越後を以て歎願に託し、その実、**強訴―中略―既に自ら兵端を開き、禁闕に対して発砲し候儀その罪軽からず**―中略―旁た防長に押し寄せ、速かに追討これあるべき事。」

元治元年八月、若干の混乱の後、前々尾張藩主徳川慶勝が征長総督になります。

征長軍は次の配置を行います。
（1）陸路広島→岩国→山口（芸州口）、　広島藩浅野安芸守等
（2）陸路石見→萩　→山口（石州口）、　鳥取藩池田因幡守等
（3）海路四国→徳山→山口（周防大島口）徳島藩蜂須賀阿波守等

（4）　海路下関↓山口　（小倉口）　肥後熊本藩細川越中守
（5）　海路萩　↓山口　（萩口）　薩摩藩島津修理大夫

征長軍に西郷隆盛が参謀格として加わっています。西郷は「禁門の変」で長州軍を撃退したことで、発言力が強まっています。

十月二十二日、大坂城にて征長軍は軍議を開き、十一月十一日までに各自は攻め口に着陣し、一週間後の二十八日に攻撃を開始すると決定します。

十月二十四日、徳川慶勝は西郷隆盛を呼んで意見を求めます。ここで西郷は「征長はやむをえぬ。しかし、戦わずして勝てれば何よりである」との見解を述べます。慶勝は同意し、西郷は軍の全権を委任された参謀格になります。ここから交渉が始まります。

岩国領の領主吉川経幹が仲介に入ります。

十一月二日、吉川経幹は仲介案を提示します。一方において、禁門の変で上京した三家老（国司親相、益田親施、福原元僴）の切腹と四参謀（宍戸真澂、竹内正兵衛、中村九郎、佐久間左兵衛）の斬首等を行い、他方幕府の攻撃は止めるというものです。

十一月四日西郷隆盛は岩国に入り、吉川経幹と会談提言します。

吉川経幹は西郷との会談後、長州藩に家老切腹、参謀斬首を催促します。

十一日、十二日に切腹が実施され、同じく十二日四参謀も野山獄（萩にある牢獄）で斬首されます。

ただ、幕府側としては、処分したいのは木戸孝允と、高杉晋作です。

木戸孝允は京都を脱出して、但馬出石に行きます。

高杉晋作は十月福岡へ逃れます。平尾山荘で野村望東尼に匿われます。野村望東尼は幕末、特異な動きをしています。自分の山荘（平尾山荘）に四十歳で隠棲、五十四歳の時に、剃髪して受戒。様々な人を匿っています。後に病に倒れた高杉晋作の最期を看取り、晋作が「おもしろき 事もなき世におもしろく」と詠むと、望東尼が続けて「住みなすものは 心なりけり」と詠んだという説がありす。彼女自身の辞世の句は「雲水の ながれまとひて花の穂の 初雪とわれふりて消ゆなり」。

一時、外国に対して「攘夷死守」、朝廷、幕府に対して「君寃雪白」と武力行使を主張して居た長州藩はどうなっていたでしょうか。一転、「幕府への恭順派」が勝ちます。

幕府が、家老の切腹等を求めた時、長州藩はどう対応したでしょうか。これは「第一次長州征討」がどの様に終結するかと深い関係を持っています。

藩内は幕府に「恭順の意を示すべきだ」という論と、幕府と「戦うべし」という論に二分されます。高杉晋作は前者を「俗論派」、後者を「正義派」と呼びます。

幕府の長州征討が進むにつれ、「俗論派」が大勢を占めていきます。

この中、「正義派」で強硬論を述べていたのは、井上馨（聞多）です。

〔元治元年〕九月二十五日、藩主親子を前にして、大評定が開かれます。ここで井上は「恭順の意を表するのは可なるも、―中略―幕府若し無法の処置に出づるに於ては、断乎武力を以て対抗せざるべからず」と論じ、藩主は井上の意見を採用します。

そして大評定後、**井上は夜、政事堂から退出する際に、讃井町袖解橋の付近で襲撃されます。**この時伊藤博文は下関より見舞いに駆けつけています（『伊藤博文公伝』）。

つまりこの時期、長州藩は、幕府が提示する条件を受け入れる藩になっていたということです。長州藩は正義を貫く藩士も出ますが、時の権力、幕府にひれ伏し、暗殺する藩士が藩の主流にもなり得た藩です。

西郷隆盛は征長総督・徳川慶勝に戦わず、和平条件を相手に押し付け解決する提言をし、関係家老の切腹等で第一次長州征討は終止符が打たれました。

西郷隆盛は何故「不戦」を征長総督・徳川慶勝に提言したのでしょうか。

私達は次の事実を見てきました。

「〔元治元年〕十月二十四日、慶勝は西郷を呼んで意見を求めます。ここで西郷は『征長はやむをえぬ。しかし、戦わずして勝てれば何よりである』との見解を述べます。慶勝は同意し、西郷は軍の全権を委任された参謀格になります」

西郷隆盛は「戦わずして勝てれば何よりである」と進言しました。

多分、多くの人はこの発言を高く評価するのだろうと思います。

では西郷隆盛は、通常からその様な発想をしてきた人なのでしょうか。あるいは、この征長軍に参

加する時に、「不戦」で臨むという考えを持っていたでしょうか、

僅か、約一カ月半前、西郷は正反対の見解を持っていたのです。

『大西郷全集』は、元治元年九月七日（一八六四年十月七日）、大久保利通（一蔵）への書を掲げていますが、**「長州御征討の義に付ては、一日も御延引の譯之無く」**として早期開戦を主張し、なかなか開戦に踏み切れない尾張藩を非難しています。

そして、「（長州に）是非兵力を以相迫、其上降を乞候はば**纔《わずか》に領地を与、東国辺え国替迄は不被仰付候ては、**往先《さきざき》御国の災害を成し、御手の延兼候儀も難計」と述べています。

極めて激しい文です。

この考えと正反対のことを征長総督徳川慶勝に進言しているのです。

何故、こんなことが起こったのでしょうか。

一つの説は勝海舟との関係です。

野口武彦（神戸大教授等）氏は著書『長州戦争』の中で次のように述べています。

「西郷が発想を切り替えたきっかけは、勝海舟との出会いであった。幕末史では一つの伝説と化して語り継がれている。

勝海舟の日記によれば、西郷との初対面は元治元年九月十一日（一八六四年十月十日）である。海舟はこの年五月十四日軍艦奉行に任じられ、安房守と名のっている。神戸に開かれた海軍操練所も軌道に乗って、このところ連日多忙であった。そのさなかに征長総督府付参謀の肩書で大坂の旅館に訪ねてきた西郷と面談したのである」。

ただ私は、徳川慶勝との関係を見なくてはいけないのではないかと思います。尾張藩の徳川慶勝は飾りの殿様ではありません。大老・井伊直弼を暗殺した「桜田門外の変」の導火線になる、日米修好通商条約調印に反対しての江戸城不時登城の一人です。尊王攘夷論者です。「尊王攘夷」という立場で言えば、徳川慶勝に近いのはむしろ長州藩であり、徳川幕府ではないのです。多分、西郷隆盛が参謀格として、徳川慶勝に、「長州をやっつけましょう。どこか東北に追いやりましょう」と進言したとして慶勝はどう反応したでしょうか。「それを実行しよう」という事にはならないでしょう。

徳川慶喜は面白い見方を『昔夢会筆記』で述べています。

「尾〔張〕州が総督として長州に向かい、長州は降伏せしも、いまだその実を表せざるに、吉之助はその間に斡旋して、急に軍を還さしめたり。思うにこの頃、長州には激派〔高杉晋作等のグループ〕ようやく意を得んとする状ありしをもってならん。後に板倉伊賀守に聞くに、吉之助は一刻も早く兵を引き上ぐべきを説けりという。**いかにしても尾州と西郷との間には、長州処置につきての内約ありしならんと思わるるなり**」。

慶喜はこの点にかなり引っかかっていて、同じ本でまた、「謝罪をしたという時に、もう過激派というものが長州に起こりかかっている。―中略―過激派の起こるということを見て、その起こらぬうちに引き上げるというのは、そこにいろいろ事情があったものとみえて―略―」とも述べています。

つまり、西郷隆盛と徳川慶勝との間には、「攘夷」を主張する長州を追い詰めないという「内約」あるいは阿吽の合意があったのではないかとの説です。

蛤御門の変後の長州藩では「幕府に恭順すべし」の「俗論派」と戦うべしの「正義派」と対立。「正義派」の相当数が粛清され、一次「俗論派」が藩を牛耳ります。


長州藩は、いつの間にか「朝敵」になりました。

幕府はこの機会を利用し、長州を激しく責め立てました。

この状況下、長州藩では、藩内闘争が起こります。

絶対的に幕府に恭順しようとする「俗論派」と、自らの正当を主張し、幕府が攻めてきたら武力で闘うという「正義派」が対立します。

正義派に組していた周布政之助は責任をとって自刃します。これで正義派は窮地に陥り、領袖高杉晋作も筑前に潜伏します。

長州藩は幕府側の要求に応じ、長藩は元治元年十一月十一日（一八六四年十二月九日）三家老に自刃を命じ、翌十二日参謀の四名を斬に処しました。

「俗論派」が長州藩を制します。

元治元年九月二十五日、井上馨が襲撃された模様をもう少し、詳しく見てみます。

「翌二十五日の四ツ時には、一門家老を始め藩政府の諸役員が盡く政事堂に參集した。敬親父子は直ちに此等を召して会議を開いた。當職毛利伊勢〔家老〕が先づ発言して、「益田・福原・国司の三大夫の如き、京都暴動の首魁は之を厳科に処し、幕府に対して只管恭順謹慎の誠意を表し、哀訴歎願の道に由つて毛利家の社稷を存するの外はなからう。」と述べた。公〔井上〕は憤然として之れを駁論し『今日の危急に処する策は、先づ武備恭順〔他国と仲良く振る舞い、表向きは従う態度を取りつつ、内心では戦うことも想定し備える〕の藩是を確定し、然る後、幕府に対して辯疏し、**幕府若し我が辯疏を容ずば、已むを得ず武士道を以て飽くまで幕軍と抗戦し―中略―』と述べた。**その言極めて激切であつた。時に毛利能登〔家老〕が口を開いて、下関の攘夷と京都禁門発砲の挙とに就いて、当路者の思慮浅薄を責め、伊勢の言を賛して一意恭順謹慎して罪を幕府に謝し、この国難を免れねばならぬといつたので、―中略―**家老の面々が頻りに俗論を主張するのを完膚なきまでに駁した。―中略―**

敬親は終に意を決し、即時に武備恭順の藩是に一定するやう裁定を下した。―中略―五ツ時過ぎ公は政事堂を退出し、僕浅吉に提灯を持つて先導させ、―中略―自宅を指して帰途に就いた。―中略―

一人の武士が突然公に向つて、「聞多さんでありますか。」と訊いた。公が、「さうぢや。」と答へるや否や、別の一人が公の後から両足を拘束し、その背を押して前に倒した。それから組討が始まつた。すると又他の一人が太刀を揮つて公に斬付けた。―中略―刺客の刀刃が脊骨に僅か三分許の所で止まつた。―中略―又一刀を後頭部に受けた。―中略―刺客の一人が更に面前から一撃を加へ右頬から唇に掛けて深く斬込んだ。―中略―何うした機勢か公は忽ち身を飜して、その影を匿した。この刺客三人は頻りにその近傍を捜索したけれど、暗夜であつたので、―中略―遂にその場を去つた。―中略―〔公は〕漸く一農家に達するを得た」（『世外井上公傳』）。

「論で負ければ刀で処理をする」、幕末期の一つの特徴です。それは明治期、そしてそれ以降の長州出身の政治家にみられる一つの特徴です。

長州藩、俗論派の藩制圧に高杉晋作が立ち上がり、これに伊藤博文が呼応、結局武力で「俗論派」を排除します。

こうした中、高杉晋作は俗論派の専横に憤慨し、正義派家老の処刑を聞き、下関へ帰還します。ここで、高杉晋作は即時挙兵を主張します。しかし、多くの同志はこれに反対します。

元治元年十二月十五日夜半、高杉晋作が挙兵し、これに伊藤博文（俊輔）率いる力士隊、石川小五郎率いる遊撃隊が呼応しました。

十六日、下関の藩の拠点新地会所を攻め、更に軍艦二隻を奪います。

下関で兵士を募集し、百二十名を獲得し、伊藤博文が指揮します。一時挙兵を躊躇していた諸隊もこれに続きます。

十二月十九日、「正義派」中、奇兵、八幡、南園、膺懲隊がそれぞれ進軍します。これに対して、藩政府は、「正義派」に近いとみられていた毛利登人、前田孫右衛門等を死罪に処しました。

元治二年正月二日（一八六五年一月二十八日）、伊崎会所を占拠します。

山口での小群有志は義兵を募って隊を作り、幽居中の井上聞多を救い出し、その隊の総監にします。

結局、藩は和睦を申し入れ、高杉晋作などの罪を赦す処置を取ります。

藩主は一月二十一日、追討兵の引揚げを命じ、藩内の「一和を保つべし」との方針が出されます。第一次長州征討で、長州藩は幕府側の条件をのみ、三家老、四参謀が処分されました。

当然、尊王攘夷を主張していたグループは藩政から排除されます。

この状況について、高杉晋作は「幕府への恭順止むなし」とする保守派を「俗論派」と呼び、尊王攘夷（倒幕）を主張する自らを「正義派」と称しました。

この正義派と言われる系譜には吉田松陰、桂小五郎（木戸孝允）、井上聞多（井上馨）、久坂玄瑞、高杉晋作、村田蔵六（大村益次郎）、伊藤俊輔（伊藤博文）等がいます。

そして、正義派は、元治二年三月には俗論派の首魁・椋梨藤太らを排斥して藩の実権を握ります。

慶応元年（四月七日、元治から慶応に改元）の時点で倒幕派が再び実権を握ったことは極めて重要な意味を持ちます。

倒幕は薩長の連合を基礎に実施されていきます。

もし、高杉晋作が立ち上がらなかったら、長州藩は、幕府に恭順の姿勢をとる「俗論派」に支配されています。そうした流れの中で、「倒幕」は出来ません。

長州藩の情勢が一段落、高杉、伊藤、井上の三名は下関開港を模索し、反発をうけ、逃亡します

長州藩の情勢が一段落した中で、高杉晋作は、藩政治に参画することを求められますが、海外留学を考えます。

元治二年三月二十日（一八六五年四月十五日）下関に立ち寄った英国公使館員ハリソンと、伊藤博文は高杉晋作と共に、長崎に行きます。

ここで伊藤博文は「旧知」のグラバーと会います。高杉晋作と伊藤博文はグラバーに洋行への支援を頼みます。函館駐在英国領事ラウダーがたまたま長崎に来ていて、下関の開港を進められます。三名は長州に帰り、この開港話がこじれ、高杉、伊藤、井上の三名の命が狙われる事態となって、高杉は伊予の道後、井上は豊後の別府、伊藤は対馬に逃れます。

高杉晋作らの「正義派」が勝ったとはいえ、長州には攘夷の機運が根強く存在しています。何故、高杉、伊藤、井上がグラバーの進言にやすやすと乗ったのか不可思議です。

高杉晋作は慶応三年四月十四日（一八六七年五月十七日）、下関市桜山で肺結核の療養中に亡くなります。享年僅か二十九歳（満二十七歳）です。

歴史においては、この人が存在しなかったら、時代の流れは変わったろう、その意味でその後の流れに欠かせない人物がいますが、明治維新成立には高杉晋作の存在は実に大きいものがあるとみられます。

第六章　薩長連合の形成と幕府崩壊への始まり

薩摩藩は薩英戦争で、鹿児島城下が英国海軍の攻撃で大被害を蒙り、それ以降「攘夷」を止め、英国との友好関係を進めます。

長州もまた、四国連合艦隊下関攻撃をうけ、「攘夷」を止めます。

「尊王攘夷」中、「攘夷」が消えました。

残りは、「尊王」の在り様、つまり政治の主体を幕府が行うか、朝廷が行うかです。

こうした重要な時期、徳川幕府は重大な失敗を犯しました。第一次長州征討は、長州藩が「禁門の変」の関係家老三名の切腹等の幕府側条件をうけ終結しました。

今一度、元治元年七月二十四日（一八六四年八月二十五日）、朝廷が行った勅命を見てみます。

「松平大膳大夫（毛利敬親）儀、かねて入京を禁ずるところ、**陪臣福原越後を以て歎願に託し、その実、強訴―中略―既に自ら兵端を開き、禁闕に対して発砲し候儀その罪軽からず―中略―**旁た防長に押し寄せ、速かに追討これあるべき事。」

「陪臣福原越後を以て歎願に託し、その実、強訴─中略─既に自ら兵端を開き、禁闕に対して発砲し候儀その罪軽からず」が罪の内容です。

そして、長州藩は、禁門の変で上京した三家老（国司親相、益田親施、福原元僴）の切腹と四参謀（宍戸真澂、竹内正兵衛、中村九郎、佐久間左兵衛）の斬首等を行いました。生麦事件で「実行犯」の奈良原喜左衛門や海江田信義が、更にはアーネスト・サトウが命令した人物とみなしている島津久光が何のお咎めもなくいるのと比較すれば、雲泥の差です。

しかし、幕府は終結の仕方が軟弱だといって、第二次長州征討を決定します。結局幕府側が敗れ、徳川幕府崩壊の大きな要因になりました。

第二次長州征討への基本的流れを『伊藤博文伝』で見てみます。

今回、この本を作成するにあたって、何冊か、戦前に作成された本を読みました。驚く程高い水準です。今と異なるのは「上」「中」「下」の三部作等分厚い本が多く、その分情報がぎっしり詰まっていますからそれが重みになっています。それに引き換え、今日は、「新書」全盛の様に、薄っぺらで軽薄と誹りがなされても仕方ない状況です。重厚な本の一つ『伊藤博文伝』（春畝公追頌会）の引用です。文語体ですが、そのままにします。

「征討総督徳川慶勝は、その指示せる謝罪条件を長藩に於て履行したるに因り、膺懲の目的を達したるものと認め、干戈を交へずして軍を班へし、長藩主父子を寛典に処すべき旨を伏奏せしかば、**何人もこれを以て長州処分は結了せるものと思ひしに、幕府にては慶勝の処置を緩に失すとし、更に周防一州を没収し、萩を吉川の所領に移し、長藩主及び三條以下五卿を江戸に召し出すとの命を下した。**然るに、長藩に於てこれに従はざりしに因り、幕府は終に再征の師を起すことに決し、慶應元年五月十六日〔一八六五年六月九日〕、将軍家茂江戸を発し，閏五月二十二日〔一八六五年七月十四日〕京都に入り、即日参内。―中略―

元来幕府の底意は長藩をして再び起つ能はざるまでに屈服せしむに在り、殊に当時の老中阿部正外、同松前崇広、勘定奉行小栗忠順の如きは、**先づ長藩を征服し、次いで薩藩に及び、やがて他の雄藩をも削少し、以て幕府の権威を維持せんとする方針を持してゐた。**然るに、尾張、越前の如き親藩さへ、公然長州再討の不可なる所以を唱へ、又従来長藩に反感を懐きし、薩藩までも、長州再征を以て無名の師と為し、その趣旨を以て屢々幕府に警告し、且つ朝廷にも建白した」。

こうした幕府の方針にどこが問題あるのでしょうか。

「こうあって欲しい」つまり、「長州藩を徹底的に弱体化させたい」の考えが先行し、「それが実施可能か」の考察が乏しいことでしょう。

第二次長州戦争に向かう、幕府の指示を見てみます。

第一次長州征討では、戦争になることなく終結しました。

幕府は、征討総督は「緩に失す」と判断して、周防一州を没収し、萩を吉川の所領に移し、長州藩の藩主親子、三条以下の五卿を江戸に召し出すとの命令を出しました。慶応元年四月十二日(一八六五年五月六日)に幕府は長州再征を決定します。

将軍は大軍を率いて、慶応元年閏五月二十二日(一八六五年七月二日)京都に入ります。

第一次長州征討では尾張藩の前々藩主である徳川慶勝を征長総督にして臨んで、長州藩は全面降伏しました。第二次でも徳川慶勝を先鋒総督に任じました。今回は、更に、**将軍自らが先頭に立つのですから、幕府は長州側が簡単に降伏するであろうと思って臨んでいます。**

幕府は強硬です。

西国三十二藩に出兵を命令しました。

長州藩に対し禄を減額し、十万石にする決定をしました。

毛利親子の禁固を命じました。

高杉晋作、木戸孝允を差し出すことを命じました。この時期、木戸孝允が藩の実権を握っていますから、この提言が実施される可能性は先ずありません。

長州征討に関する情勢は第一次と第二次ではすっかり変わりました。

第一に長州藩を攻撃する口実が、第二次では全くありません。

第一次長州征討では「宮中に発砲した」という当時としては誰も弁護出来ない行動を長州がとりました。今回はそれの処理が終わった後の行動です。将軍家茂が死亡した後、征討を引き継いだ徳川慶喜ですら次のように考えているのです。

「よく考えてみると、長州を憎むわけはない。ただ錦旗に発砲したというものの、決して主人の命令というわけでないし、─中略─その筋さえ立ば、どのように寛大にしてもよい」（『昔夢会筆記』）。

第二に、長州藩では、高杉晋作らが無条件恭順派を武力で破り、無理な要求が来れば戦う姿勢をとっています。

第三に幕府側に出兵を命じられた西国各藩は、幕府には長州藩を攻撃する正当な理由がないと判断し、協力を断っています。長州は鉄砲、大砲等を装備しています。将軍家茂が死亡した後、征討を引き継いだ慶喜は「細川にしろ何にしろ、〔幕府側の〕皆討手の者が解兵する。皆〔長州藩に〕慴《おび》えてしまった」と述べているような状況です（『昔夢会筆記』）。

第四に、薩長の間で、倒幕の同盟関係が進んでいます。

薩摩藩は第一次征討の時は西郷隆盛が参謀格として参加しましたが、今回は参加していません。

戦闘の方を見てみます。

慶応二年六月七日（一八六六年七月十八日）に幕府艦隊による周防大島（山口県の最東端、瀬戸内海に浮かぶ島）への砲撃が始まります。次いで、芸州口（長州藩・岩国藩対幕府歩兵隊や紀州藩兵）、小瀬川口（彦根藩と高田藩が壊滅し幕府歩兵隊と紀州藩兵が対応）、石州口（長州藩側は大村益次郎が指揮し、慶喜の実弟・松平武聰が藩主であった浜田藩へ侵攻し浜田城を陥落させる）、小倉口（総督・小笠原長行が指揮する九州諸藩と高杉晋作・山縣有朋ら率いる長州藩と戦闘。長州側が主導権を持つ）で開戦します。

第二次長州征討での交戦の中、桂小五郎（木戸孝允）が伊藤と井上をして長崎のイギリス商人グラバーと交渉し、銃を買います。

こうした、緊急の中、七月に桂小五郎（木戸孝允）が伊藤と井上をして長崎のイギリス商人グラバーと交渉し、同盟関係にあった薩摩藩の協力を得て、ミニエー銃四千三百挺、ゲベール銃三千挺を購入しています。

戦況が不利の中、慶応二年七月二十日（一八六六年八月二十九日）家茂が大坂城で死去します。僅か満二十歳です。三歳で紀州藩主になり、将軍になったのは十三歳です。駒として使われた一生です。

この死は、幕府にとって、都合のいい死でした。後で見るように、幕府は将軍の死を口実に、負け戦の第二次長州征討から脱出します。

幕府側にとってあまりに好都合な死亡です。

アーネスト・サトウは「［一八六七年十一月（慶応三年十月）頃］旗本の間に、秘密の回状が回った。それは、慶喜を責むるに前将軍家茂の毒殺をもってし」と記述しています。

慶応二年八月一日、小倉藩は、田川郡に撤退する際、小倉城に火を放ち、城内の建物は、ことごとく灰じんに帰した。

十一日小倉城陥落　徳川慶喜の長州への出発取り止め。

八月二十一日（一八六六年九月二十九日）、家茂の病死を理由に休戦の勅命が下り、ここに、第二次長州征討は終結することになります。

第二次長州征討の最中、長州藩は、幕府が禁ずる中、坂本龍馬の斡旋で、長州藩の名義で、グラバーから大量の銃を買います。

第二次長州征討の最中、当然のことながら、幕府は英国に対して、長州に武器を売らないように要請しています。

この中で、長州藩は長崎在住の英国商人、グラバーに武器を買いたいと依頼しますが断られます。

当然です。幕府に敵対する者に武器を売れば、国外追放処分が待っています。

その中で、坂本龍馬が仲介に入り、長州藩の武器購入を実現させます。その顚末を『伊藤博文伝』から要約します。

●桂は小銃の買い入れを図り、グラバーと連絡をとるが、七月十一日グラバーは次の連絡をしてきます。

「**幕府が長州再征を決めてから、英国に対して武器を長州藩に供給しないように通告してきている**ので、長崎で供給することは無理だが、長州藩がグラバーの所有する船を上海にまで出し、上海で武器を購入することは可能である」。

●土佐藩士・楠本文吉が坂本の使者として下関に来て、**坂本が薩摩藩と交渉した結果、薩摩藩は長州藩が買いたいものを、薩摩藩名義で買うことを承諾する**と伝達。

●伊藤博文と井上馨は、七月二十一日、各々薩摩藩士・吉村荘蔵、山田新助として長崎に到着。

●この時、たまたま小松帯刀が長崎に滞在しており、**伊藤・井上は小松を訪れ、名義貸しを依頼した。これに小松は承諾する。**次いでグラバーを訪れ商談が成立。

ミニエー銃　四千三百挺、七万七千四百両
ゲベール短筒　　三千挺、　一万五千両
八月十二、三日頃に馬関（下関）に輸送。

倒幕派に武器を売ったグラバーとはどういう人物なのでしょうか。

日本の大観光名所が長崎にあるグラバー邸です。建築面積は五一〇平方メートル。日本に現存する木造洋館としては最古のものです。

グラバーは一八五九年九月十九日（安政六年八月二十三日）に長崎に来て貿易に従事します。一九一一年（明治四十四年）に日本で死去しています。波乱万丈の人生を送っていますが、外国人として破格の勲二等旭日重光章を授与されています。

薩摩藩の五代友厚、森有礼、寺島宗則、長澤鼎らの海外留学をアレンジし、長州藩の井上聞多（馨）、遠藤謹助、山尾庸三、伊藤俊輔（博文）、野村弥吉（井上勝）のイギリス渡航にも関与しています。

日本人女性ツルと結婚し、息子に倉場富三郎氏がいます。アーネスト・サトウでも息子の動向を見ましたので、倉場富三郎氏を調べてみました。**終戦直後の一九四五年八月二十六日に長崎の自宅で首吊り自殺を図り、死亡しています。**

グラバーは長崎を拠点に貿易を行いますが、グラバーの事業を見るのに、幕末における長崎貿易の特殊性を見てみます（杉山伸也著『明治維新とイギリス商人』）。

●貿易港別にみると、横浜の地位が圧倒的に高く、一八五九〜六七年平均で、輸出の八〇〜八五％、輸入の六〇〜七〇％を占めていた。

●一八六二年以降、〔長崎は〕全国の貿易額の一〇％前後を占めるにすぎなくなった。

●しかし、幕末期の国内政局を考えると、長崎の貿易港としての意味は、こうした数字にあらわれる以上に大きかった。

横浜が欧米向けの生糸や茶の輸出を中心に大幅な輸出超過であったのにたいして、長崎の貿易は逆に大幅な輸入超過であった。この輸入超過の原因は、――中略――長崎が江戸から遠くはなれているために幕府の支配力が弱く、それゆえ薩摩、長州、土佐、佐賀藩などの西南雄藩にとって、絶好の艦船や武器の購入市場となっていたからである。

幕末・維新期における長崎貿易

（単位千ドル、カッコ内％）

年	艦船	武器・弾薬
1863	570（49）	−
64	774（48）	27　（2）
65	700（38）	214（12）
66	1273（32）	304　（8）
67	1200（19）	401（22）
68	689（28）	764（31）
69	180　（6）	434（16）

杉山伸也著『明治維新とイギリス商人』

一八六四年―六八年にグラバーないしグラバー商会の名前で販売された艦船は二四隻である。（掲載されている表を見ると、薩摩藩六隻、熊本四隻、幕府三隻、長州三隻）

グラバーはどの様な評価を得ているのでしょうか、日本の一学者は「利益になるなら（幕府側と倒幕側の）双方と節操なく取引を行ったのである」と記しています。

マイケル・ガーデナ著『トマス・グラバーの生涯』を見てみます。

＊＊＊

●一八六一年と六二年を通してグラバーの頭をよぎったのは、幕府より先に近代化を推進しようとする反幕諸藩が、遠からず幕府を倒すかもしれないということであった。

●彼が反幕派と取引を始めたのは主義主張のためではない。

一八六二年には、反幕派によるテロ攻撃が頻発した。しかし日本が開国を推し進めれば、資源や安価な労働力の豊富さからしても大きなチャンスが開けるとの思いから、**グラバーは早々と反幕派の側につき、**多少の不安を感じながらも彼らに近づいていくこととなった。

グラバーは確かに一八六三年以降、反幕諸藩にあらゆる金銭的、技術的援助と貸付を行ったし、同年の薩英戦争以後は明らかに反幕派の側に味方したけれども、その戦争が分岐点だったわけでもないし、それで**幕府との取引をやめたわけでもなかった。**

●グラバーはつねに経済的には反幕府寄りであったが、それも、政治的にはおもねるような、うわべだけのものでしかなかった。一八六四年から六七年にかけて、彼は倒幕派を制圧しようとしていた幕府に対して、三隻の軍艦と数知れない銃を――中略――供給した。

＊＊＊

こうしたグラバーに対する否定的な評価は日本人学者の中でも持たれていて、杉浦裕子氏は『鳴門教育大学研究紀要』中の「幕末期における英仏の対日外交とトマス・グラバー」の中で、**「グラバーは政治信条的に倒幕派を支持したというより、利益になるなら〔幕府側と倒幕側の〕双方と節操なく取引を行ったのである」**と記しています。

グラバー自身の発言はほとんど残っていませんが、極めて限定的な発言が長州の文献に残っています。

『防長史談會雜誌第弐拾七號』〔明治四十五年二月発行〕におけるデ・ビー・グラバ著「薩長英の関係」を見てみます〔応答者デ・ビー・グラバ、質問者中原邦平〕。

＊＊＊

●オールコック〔英国公使〕といふ人は、一本松に家があつて、私は其処に同居して居つたこともあつた。〔オールコックは公使です。通常公使が民間人と一緒に過ごすことはありません。そういう意味で、グラバーがオールコックと密接な関係を持っていると言えましょう〕。

●〔問：**下の関開港論は其時誰が発議したのでしたか。**〕

ラウダ〔領事〕と相談してやつたことであるが、**伊藤さんと高杉とに、自分とラウダで持出した論である。**

●パークスは、—中略—大名でも何でも、外人に対しては非常に悪い感情を持て居るといふことを深く信じて居た。所が、其後私がパークス氏を薩摩へ拉れて往て、島津公に合わせた所が、—中略—パークスが自分に向つて云ふには、これまで自分の言うたことは間違ひであつた。—中略—成程グラバお前の言ふ様に、大名自身は外国人に対して悪い感情を有して居らぬ。〔伊藤、井上を中心とする長州との関係、特に武器、船舶の取引の関係を詳細に述べた後に〕

「徳川政府の反逆人の中では、自分が最も大きな反逆人だと思つて居ました」

＊＊＊

グラバー自身、「徳川政府の反逆人の中では、自分が最も大きな反逆人だと思って居ました」と発言していますが、どう評価したらいいでしょうか。

「徳川政府の反逆人の中では、自分が最も大きな反逆人だと思って居ました」との主張は、「倒幕の最大の功労者は自分」と言っているようなものです。

「倒幕」は最終的に、「第二次長州征討」と「鳥羽・伏見の戦い」で、幕府軍が敗れたことによるものです。

「鳥羽・伏見の戦い」で倒幕側が敗れていれば、「倒幕」は成功していません。

グラバーは、幕府、「倒幕側」の双方に武器を売っています。それは事実です。しかしグラバーが「倒幕側」に武器を売るという行為がなければ、「倒幕側」が軍事的に幕府に勝つことは成立していません。

そういう意味で、幕末史においては、グラバーの役割をもっと評価していいと思います。

第二次長州征討と長州藩・薩摩藩の関係を見ます。ここで薩摩・長州の連携の機運が高まります。

幕府等の動き		薩長の動き	
慶応元年（1865年）			
		4.25 (5.19)	薩摩の船、安治川口出帆、西郷隆盛・坂本龍馬同乗
5.16 (6.9)	将軍家茂長州再征のため江戸を出発	閏5.6 (6.28)	土佐の中岡慎太郎、鹿児島へ（幕府が長州再征を謀っていることに憤慨、薩長協和を謀るため西郷を訪ねる）
		閏5.18 (7.10)	中岡、西郷・木戸会談を計るも流れる（龍馬、下関で準備。西郷来ず木戸怒る）
閏5.22 (7.14)	将軍上洛し参内。長州再征を奏上　朝廷長州再征に即、支持せず。幕府、朝廷を説得しきれず		龍馬、長州藩の怒り治めるため画策。長州藩は武器購入を外国から欲する。龍馬、薩摩藩名義で買う事を画策
		6.24 (8.15)	龍馬、中岡が薩摩藩に西郷を訪ねる
9.16 (11.4)	英・仏・蘭軍艦、開港約束の実現求め兵庫へ		
9.21 (11.9)	将軍家茂、長州再征の勅許を求む 大久保利通、征長に反対工作一時成功するも、幕府側覆す 他藩、征長に従わず 幕府、長州藩と交渉するも整わず		
9.22 (11.10)	四国公使開国を迫る		
10.4 (11.4)	慶喜、朝廷で兵庫開港を協議。開港はいま直ちに勅許ないが後日必ずと伝える。 軍艦兵庫を去る	慶応２年 1.21 (1866.3.7)	西郷、倒幕の意を固める。 龍馬の仲介で薩長合意

第二次長州征討は長州藩と薩摩藩の連携が契機になります。

すでに、伊藤博文の考えを見ましたが、要点を整理します。

①征討総督徳川慶勝を含め、「何人も長州処分はこれを以て結了せあるものと思ひし」であった。

②元来幕府の底意は長藩をして再び起つ能はざるまでに屈服せしむに在る。

③当時の老中達は、「先ず長藩を征服し、次いで薩藩に及び、やがて他の雄藩をも削少し、以て幕府の権威を維持せんとする方針を持してゐた」。

①の長州処分を実質的に行ったのは西郷隆盛です。

従って、この処分が手ぬるかったと言われれば、西郷隆盛の行ったことが悪かったということになります。

③の「幕府の考えは先ず長藩を征服し、次いで薩藩に及び」であることは、薩摩藩も当然感じます。従って、二次長州征討は必然的に薩長同盟模索につながります。ここで表を御覧下さい。動きは慶応元年（一八六五年）の出来事です。

こうした動向を見て、西郷は幕府を見限ります。藩主への窓口となっている箕田に十月十一日次の内容を送ります。

「幕府において摂海異人の談判に益々不条理を顕し、朝廷を欺き人心の憤怒を重ね、**長征にて兵勢の衰えを示し、条理を失い、且勢いを失ひ候ては、**如何の策略を用ひ候ても行はれず、如何なる智者ありとも、引起候儀は覚束なき次第に御座候」（下中弥三郎著『維新を語る』）。

アーネスト・サトウは薩摩藩に出かけて、長州藩征討について薩摩藩の見解を聞いています。幕末、重要な局面ではアーネスト・サトウは何らかの動きをしています。

アーネスト・サトウはパークス公使に命じられて、西国諸藩の動静を探るため、一八六六年十二月十二日（慶応二年十一月六日）横浜から英国艦船に乗って出発します。途中、アーガス号に乗りますが、「（扱いは極めて劣悪で、負傷者収容室に入れられ、）就寝用の吊り床を手に入れたが、蒲団も枕もないので、―中略―外套を丸めて枕にしたりしなければならなかった」状況です（『一外交官』）。

一八六七年一月二日（慶応二年十一月二十七日）鹿児島に到着し、島津三郎の次男、島津図書と、家老の新納刑部、島津伊勢の出迎えを受けます。島津図書については、「年齢こそ二十九歳だったが、知能の点では、まだほんの子供のように思われた」と記載しています（『一外交官』）。

アーネスト・サトウの君主に対する見方は厳しくて、長州藩主が「大きい赤ん坊のようにふるまっている」と記載した上で**「日本の諸侯は馬鹿だが、わざわざ馬鹿になるように教育されてきたのだから、責めるのは無理だという気がした」**と書いています。

かつて、自民党幹事長であった小沢一郎氏が少数派閥出身の海部首相を擁立した時「神輿は軽くてパーが良い」と述べたと言われてます。日本社会には依然として、知的に優れた人物がトップになることを担保する制度はありません。しかし、トップの座はトップに付随する権能を持っています。

トップにふさわしくない人物がこれを振るい始めるととんでもない事態が到来します。戦前では東条英機でしょう。

アーネスト・サトウと新納刑部は次の会話を行っています。

アーネスト・サトウ「長州の事件は、どんなふうにいっていますか。大君〔将軍〕は軍隊の大部分を撤退したそうですが」。

新納刑部「長州は、ひじょうに強い。それに、正義は長州側にあるのです。大名は、だれ一人として大君を支持しないでしょう。もはや、大君には長州を破る見込みはない」。

アーネスト・サトウ「もし大君がその最も精鋭な部隊を戦場に送って、最初から一気に攻撃したら、長州を征服していたに違いないでしょうが」。

新納刑部「いや。決して。大君の側には正義がないから」。

この時、鹿児島湾に「オテントサマ」という小汽船が碇泊しているのを目撃しており、この船には木戸孝允が乗って来ていて、新納の話では「薩、長二藩の間に目下和親の相談が進められており、今後薩摩と長州が提携して大君に対決するであろうということがわかったのである」と記述しています。

坂本龍馬が斡旋し木戸・西郷会談、坂本龍馬、薩長同盟（木戸孝允と西郷隆盛）の橋渡しをします。坂本龍馬がいなければ、この時期、薩長同盟は出来なかったでしょう。

慶応元年十二月、薩長の協和の必要性を感じた黒田了介（清隆、薩摩藩士）は長州に出かけ、下関に来ていた木戸孝允と会い、京にのぼり、西郷と会う様、説得します。木戸は、五月に下関で会う手筈になっていたのに西郷が来なかったことに不快感を持っていましたが、結局折れて、京都に行きます。この事情を下中弥三郎著『維新を語る』で見てみます。

下中弥三郎は一九一四年に平凡社を創設、一九三〇年頃から国家主義（国家社会主義）の立場に立ち一九五七年日本書籍出版協会初代会長となっています。

＊＊＊

黒田は、直ちに、長州に急行、木戸を訪問し、ぜひ上京して西郷その他に会つてくるやうにと勧める。

丁度その折坂本〔龍馬〕も馬関に来て居り、黒田ともども上京を勧める。―中略―〔木戸は〕昨年の行きがかり〔西郷が会談の約束を実行せず〕もあり、此際、自分が出京して薩人に会ふのはおもしろくない。誰か他のものを上京させたいと主張する。しかし、この際何といつても木戸が上つて会ふに限る。高杉〔晋作〕も井上〔馨〕も非常に熱心にそのやうに勧める。藩公また木戸の出京斡旋を望まれる。木戸もとうとう上京する心になつた。木戸は単身上京するつもりでゐたが、それでは話がブツキラボウになつてよくあるまいといふものもあり、結局諸隊中かた品川弥二郎―中略―三人が同行することになる。―中略―

薩摩藩の三邦丸で大坂に着いたのが慶応二年一月四日である。―中略―西郷は―中略―伏見まで迎へに出る。

伏見に船の着いたのは真夜中であつたが、西郷は―中略―非常に喜び、相携へて京都の薩邸に入る。

薩邸では、木戸一行を賓客として優遇し、在京中の小松、桂、大久保その外みな来つて面会し、時事を談じ、長州の立場に同情し、天下の形勢を論じ、将来の希望を語る。

かくする中に、既に一月二十日にもなる。けれども、両藩協和に関する具体的な話は何も始まらない。かうして時日を空過していても仕方がない。帰つてしまはうと木戸は思つた。丁度その日坂本が上京して訪ねて来た。

「協和の誓約が出来たのか。」

「まだ何もそんな話がない。もう帰らうと思ふ。」

「それは不可《いけ》ない。西郷は一体どう思つてゐるのだろう。僕等が両藩のために擲身盡力してゐるのは、両藩のためではない。天下のためだ。兄等もまた天下多事の際、かうして百里の外に出かけて来てゐる。両藩の人物が折角茲に会合しながら、お互ひ睨みあひして十数日も空過するとは何事であるか。私情を脱却して瞻心を吐露し、天下のためになぜ大に協議せないのだ。纏むるところなくして帰るなど、断じて不可ない。」

「君のいふ通りだ。しかし、察してもらわなくてはならぬ。天下に孤立する今の長州の立場だ。薩州は、公然天子に朝し、公然幕府に会し、公然諸侯に交り、公然天下に盡力し得る。我が長州の如きは天下みな敵である。一藩の士、ただ心中安んずるところを以て一死之れに当らうとする、固より活路なしである。今、長州人たる僕、先づ口を開いて薩州と協和せんことを言はば、彼を我が危地に誘ふことを意味し、従つて哀を訴へ援助を乞ふこととなる。自分としてはそれが出来ない。——中略——」

「尤もだ」と坂本は首肯き、直ちに西郷にあつて——中略——詰《なじ》る。

「実は貴公を待つてゐた。この話は、貴公が居なくては仕難《しに》くい。今日、すぐ話を始めよう。」

そして慶応二年一月二十一日（一八六六年三月七日）、両者は六条の合意に達します。

第一条では長州で戦争が始まった場合に薩摩が京都・大坂に出兵して幕府に圧力を加えること、第二条〜第四条で戦争の帰趨如何に関わらず薩摩が長州の政治的復権のために朝廷工作を行うことを約束しました。

＊＊＊

ここまでは、長州の立場の回復を主としています。

第五条に倒幕に進む内容が入っています。

「兵士をも上国の上、**橋会桑等もただ今の如き次第にて勿体なくも朝廷を擁し奉り、正義を抗み周旋尽力の道を相遮り候ときは、終に決戦に及び候外これ無きとの事**」。

この合意内容は木戸孝允が坂本龍馬への書簡の中に書き、上記の木戸書簡の裏面に「表に御記成被候六条は小西両氏及老兄龍等も御同席にて談論せし所にて毛も相違これ無き候、後来といへとも決して変り候事はこれ無きは神明の知る所に御座候　坂本龍」と朱書して返信（二月五日付）しています。今日、宮内庁のホームページで、書陵部所蔵資料の「尺牘（龍馬裏書）」として閲覧できます。

西郷・木戸の間で、将来幕府が正義に反する行動をとれば、薩長連合して戦う合意が出来た。まだ倒幕合意ではない。その重要な時期にアーネスト・サトウが『英国策論』で倒幕を主張し、倒幕論としては先駆者的役割を果たしています。

慶応三年十月十四日（一八六七年十一月九日）に大政奉還があり、十二月九日には王政復古が起こる極めて重要な年ですが、一八六五年はまだ「倒幕」が主たる動きではありません。

この中で、慶応二年は倒幕の動きが固まりつつある重要な時期です。

慶応二年一月二十一日（一八六六年三月七日）西郷隆盛と木戸孝允が合意しましたが、これは未だ将来倒幕で連携する可能性を示しただけであり、かつ両者が署名したものでもありません。苦肉の策として、木戸孝允が坂本龍馬へ送った書簡に、坂本龍馬が朱筆で名前を書いて確認したのです。つまり、薩摩藩の誰も公的に合意を保証していません。

そういう流動的な時に、アーネスト・サトウが「日本の政権を将軍から諸侯連合に移すべきである」と主張したのです。

アーネスト・サトウの英国策論①、日本の政権を将軍から諸侯連合に移すべきと説いた『英国策論』を見てみます。

（1）『英国策論』は、①将軍は主権者でなく諸侯連合の首席にすぎない、②日本の政権を将軍から諸侯連合に移すべきである等を主張します。

『英国策論』の骨子は以下の通りです。

①将軍は主権者でなく諸侯連合の首席にすぎない。現行の条約はその将軍とだけ結ばれたものであ

る。従って現行条約のほとんどの条項は主権者ではない将軍には実行できない。

（原文の一部）「大君ハ日本一統ノ君主タルヨウニ最初条約ノ節ニ云シナレドモ彼ハ只諸侯ノ長ニシテ僅ニ日本半国ホト而已領ルカナルニ自ラ日本国主ト唱ヘシ是名分不正ニシテ僭偽ナク」、

②独立大名たちは外国との貿易に大きな関心をもっている

（該当原文の一部）

「数多ノ国郡ヲ領シタル独立ノ諸侯共開港ヲ好マサルニ非レトモ」。

③条約は日本の一部と結ぶべきでない

（該当部分：「我々唯条約ヲ一箇ノ諸侯ト結フ事ヲ好マス」）。

④現行条約を廃し、新たに天皇及び連合諸大名と条約を結び、**日本の政権を将軍から諸侯連合に移すべきである**（該当部分：日本ノ君主タルヨウニ偽リシ大君ヲ廃スルト言トモ国家ノ顛覆ニハ至ラサルナリ）。

原文は『英国策論』（国立国会図書館蔵）。

アーネスト・サトウの英国策論②、『英国策論』はどの様な経緯で発表されたか。どの様な影響を与えたか。

当初、アーネスト・サトウはこの論文を無署名で発表します。アーネスト・サトウも翻訳に参加し当初無題でしたが、これが「英国の政策」として「倒幕」の人々に広がりました。

『一外交官』を見てみます。

サトウはジャパン・タイムズを発行していた英国人チャールズ・D・リッカビーと知り合いになり、当初紀行文などを投稿していましたが、薩摩藩の船が横浜での交易を拒否される事件があり（各大名は外国人と自由に交易できるということは条約に定められている）、これを契機に政治的な文章を投稿し始めます。

英国策論の基となる英文は、ジャパン・タイムズに一八六六年三月十六日（慶応二年一月三十日）、二回目は五月四日（推定（同三月二十日））、三回目が五月十九日に、三回掲載されました。『英国策論』が流布する経緯について、アーネスト・サトウ自身が『一外交官』に書いていますので、見てみたいと思います。

＊＊＊

私はある機会からジャパン・タイムズの―中略―リッカビィと懇意になり、―中略―原稿を彼の新聞へ寄せることを許された。ある事件が起こるや、私は政治問題について執筆する気になった。こういうことは、はなはだ規則を無視したもので〔通常対外発表は館内上司の許可を得ることとなっている。ここでは多分、その許可手続きを行っていなかったことを意味する〕、実によろしくない行為であることは言うまでもないが、そんなことには私はほとんど無頓着だった。―中略―

私の提案なるものは、大君〔将軍〕を本来の地位に引き下げて、これを大領主の一人となし、天皇を元首とする諸大名の連合体が大君に代わって支配的勢力となるべきである、というのであった。―中略―

阿波侯（蜂須賀斉裕）の家臣である沼田寅三郎という、いくらか英語を知っている私の教師に手伝ってもらって、これらを日本語に翻訳し、パンフレットの形で沼田の藩主の精読に供したところ、それが写本されて方々へ広まった。その翌年、私が旅行の際に会った諸大名の家臣たちは、この写本を介して私のことを知っており、好意をよせてくれた。**しまいには、その日本文が英人サトウの「英国策論」、すなわちイギリスの政策という表題で印刷され、大坂や京都のすべての書店で発売されるようになった。**これは、勤王、佐幕の両党から、イギリス公使館の意見を代表するものと思われた。そんなことは、もちろん私の関知するところではなかった、

＊＊＊

アーネスト・サトウは、この論文、そして、それの翻訳化において英国公使館の承認を得ていないことは事実であろう。「内政不干渉」は大使館（公使館）の基本的姿勢です。

他方、この時期、英国公使館が幕府を見限り、「公武合体」的政権の発足を望んでいたらしい様子が随所に出てきます。従って、英国の方針とされた事は間違いありません。

英国は「薩英戦争」、「下関四国連合艦隊攻撃」で当時の雄藩、薩摩藩、長州藩に大打撃を与えただけに、その影響力には強いものがあります。その英国が「将軍は、大領主の一人となし、天皇を元首とする諸大名の連合体が大君に代って支配的勢力となるべきである」という論を展開したことは、その後の動きに大きい影響を与えたと思います。

兵庫開港問題と倒幕①、幕府は列強の圧力で兵庫の開港を急ぎ、他方孝明天皇はこれに強く反対しています。ここから、倒幕の動きが強まります。

経緯と問題点を整理してみたいと思います。

一八五八年（安政五年）幕府は欧米列強と相次いで修好通商条約を結びました。その中で、横浜・長崎・箱館の三港が開かれることが決められましたが、両都（江戸・大坂）両港（新潟・兵庫）の開市開港が定められています。時期は、新潟を一八六〇年一月、江戸を六二年年一月、大坂・兵庫を六三年一月と決められます。

しかし、激しい攘夷の浪が押し寄せる中、幕府はとても実行できません。

ここで一八六一年八月十四日（文久元年七月九日）オールコック公使とジェームズ・ホープ提督、安藤信行老中（注、後「坂下門外の変」で襲撃をうけます）、酒井忠毗《ただます》若年寄との間で会談がもたれます。オールコックは著書『大君の都』で「極秘事項で、かれらだけでなければつたえることのできないこと」を聞かせるとをし、「やりとりされたことについては、ここではのべることは出来ぬ」としていますが、開港延期を決めたのだと思います。

オールコックの支援で、文久元年十二月二十二日（一八六二年一月二十一日）、遣欧使節団が、英艦で英国等に向け出発し、開市開港を一八六三年一月一日（文久二年十一月十二日）より五年遅らせるロンドン覚書を締結します。日本国内の「攘夷」はますます激化していきます。「坂下門外の変」で安藤信行老中が襲われるのは、遣欧使節団が日本を離れて二十日位の間で起こっています。

オールコックの後任の英国公使パークスは、条約に対する天皇の勅許と兵庫の早期開港を求め、慶応元年九月十六日（一八六五年十一月四日）、八隻からなる三カ国連合艦隊（米国は代理公使のみ派遣）を大坂に派遣し、条約勅許と兵庫開港を迫ります。

十月五日条約の勅許が出ます。しかし、兵庫の開港はこの時点では不許可です。

兵庫開港問題と倒幕②、徳川慶喜は、孝明天皇の攘夷は、「煎じ詰めた話が、犬猿と一緒にいるのは厭だ」というものとみています。

徳川慶喜は後、『昔夢会筆記』の中で次のように述べています。

「先帝〔孝明天皇〕の真の叡慮というのは、誠に恐れ入ったことだけれども、外国の事情や何か一向御承知ない。昔からあれは禽獣だとか何とかいうようなことが、ただお耳にはいっているから、どうもそういう者のはいって来るのは厭だとおっしゃる。**煎じ詰めた話が、犬猫と一緒にいるのは厭だとおっしゃるのだ。別にどうというわけではない。どうかしてああいう者は遠ざけてしまいたい、さればといって今戦争も厭だ、どうか一つあれを遠ざけてしまいたいとおっしゃるのだね。**

最初上京をした時に鷹司関白へ出て、当時外国に蒸気船というものができてこう、大砲ができてこうでござるといろいろ申し上げた。なるほどそうかと言って大分お分りのようだったね。それで大分お分りになったと思って、だんだん進んで行くと、**いや日本には大和魂というものがあるから、決して恐れることはない、――中略――こうおっしゃるんだね。**それでそのような人が外国の事情を陛下に申し上げるんだ。陛下にお分り遊ばさぬのは御尤もだ」。

幕府は、条約への勅許、更には兵庫開港（結局は不勅許）に対し朝廷に圧力をかけたとして、薩摩藩の反発が強まります。

倒幕へ勢いつかせた長州征討での敗北①、各藩の非協力

私達はすでに長州征討に関する情勢は第一次と第二次ではすっかり変わったことを見ました。

第一に長州を攻撃する口実が、第二次では全くありません。

第二に、長州では、高杉晋作らが無条件恭順派を武力で破り、無理な要求が来れば戦う姿勢をとっています。

第三に幕府側に出兵を命じられた西国各藩は、幕府には長州を攻撃する正当な理由がないと判断し、協力を断っています。

第四に、薩長の間で、倒幕の同盟関係が進んでいます。

この中、各藩の非協力を野口武彦著『長州戦争』を参考に、でもう少し詳細に見てみます。この中で傍線を引いた部分がいろいろの理由をつけて出兵しなかった藩です。
①芸州口、一番手、広島藩浅野安芸守、以下彦根藩、与板藩、高田藩、津山藩、明石藩
②石州口、一番手、福山藩阿部主計頭、以下浜田藩、津和野藩、鳥取藩、松江藩
③周防大島口、一番手、松山藩松平隠岐守、宇和島藩伊達遠江守、以下徳島藩、中津藩、今治藩
④小倉口、肥後熊本藩細川越中守、柳川藩立花飛騨守、小倉藩小笠原右京太夫、千束藩小笠原近江

守、播州安志藩小笠原幸松丸、以下福岡藩、佐賀藩、岡藩、島原藩
⑤萩口、一番手、鹿児島藩島津修理太夫、以下久留米藩

薩摩藩は慶応二年四月十四日（一八六六年五月二十八日）次の内容を含む上申書で出兵を辞退すると述べています。

「凶器は妄《みだ》りに動かすべからずの大戒もこれあり、当節天下の耳目相開へ候へば、無名を以て兵機を作《な》すべからざるは顕然明著なる訳に御座候。

たとひ出兵の命令承知仕り候とも止むを得ず御断り申し上げ候」。

広島藩はより厳しい口調で辞退しています。

「現今の状況を観るに、幕兵は士気沮喪《そそう》して真に闘志なく、また従軍諸藩に於いても畢竟《ひっきょう》政府たる号令に対し已むを得ず出兵せしところなれば、いづれも傍観するの心あり。故に、征長成功の有無は暫《しばら》くこれを措《お》く、只恐る、これより天下紛乱の機たるを以て、公は重ねてここに建白をなし、用いずんば出兵を辞する事となれり」（『芸藩史』からの野口氏の引用）。

そして幾つかの藩は戦争中離脱しています。

倒幕へ勢いつかせた長州征伐での敗北②、これが「倒幕」に現実味をもたらします。

戦闘は、慶応二年六月七日（七月十八日）幕艦が周防大島（広島から五二キロほど離れた島）に砲撃したことで始まります。高杉晋作はこの報に怒り、十五、十六、十七日の戦闘で長州兵は幕府軍を破っています。

戦闘の模様は、古くは『防長回天史』や『松菊木戸公伝』や、近年では野口武彦著『長州戦争』が詳細に記載していますが、概略を知るため、半藤一利著『幕末史』を見てみます。

「幕府のかなりの軍隊が出陣し、九州からは久留米藩、柳川藩、熊本藩が出て、小倉城を本拠に、攻めかかる高杉晋作が指揮する奇兵隊と戦っていました。しかし長州藩の最新鋭の火器に対して幕府側は旧式の銃と刀と槍と弓ばかりで連戦連敗。中には芸州口を進んで勇戦力闘し、互角で戦った軍隊もあったようですが、石見口でも周防大島口でも劣勢、最初からやる気がない。それなのに長州軍は必死です。ひどい話で「もうやめた」と国へ帰ってしまった軍隊もあったようです。さらに、将軍家茂が〔慶応二年〕七月二十日（八月二十九日）に亡くなったと知った瞬間、小倉城で全軍の指揮をとっていた老中の小笠原長行さんが「もう戦う必要はない」と城を捨て、船で長崎へ逃げていきました」。

長州藩が幕府に勝利した理由に武器の優位が指摘されますが、グラバーが長州藩に売却したもので、「倒幕」へのグラバーの貢献には大きいものがあります。『防長回天史』にはグラバーは頻繁に出てきます。

長州征討の失敗を受けて朝廷では「反幕府」グループが動きますが失敗しました。しかし、これが、「孝明天皇暗殺」への糸口かもしれません。

幕府は長州征討で敗退しました。そして将軍徳川家茂が死亡しました。幕府の瓦解が始まります。

これを受けて朝廷内では「反幕府」の動きが出ます。結局潰されますが、「孝明天皇暗殺」への糸口になるかもしれません。この関連に気づいているのは半藤一利氏位なので、『幕末史』を見てみます（箇条書きに改めて引用します）。

「●〔慶応二年〕九月二十三日、〔家茂の〕盛大な葬儀が営まれました。家茂の死が天下に知れ渡りますと、徳川慶喜は喪に服さなければなりません。ですので、一応政事の表面から姿を消すことになるのです。

●慶喜は喪に服して当分出てこれない――ここで今こそチャンスではないかと考えた凄腕の政治家がいるのです。―中略―岩倉具視です。

●その絶好の機会を狙い、かつて志を共にしていた大原重徳と中御門経之に働きかけて焚きつけます。そして八月三十日〔十月八日〕、二十二名の宮中延臣が関白に四カ条の改革案を提出し、天皇に会って直訴したいと訴えるのです。びっくりするような宮中の大事件です。

●彼らが提出した四つの改革案を簡単に申しますと、今のままでは幕府に任せて置けないという前提のもとに、①雄藩の諸侯会議を直ちに開く〔他省略〕というものでした。

●二十二名全員と御前会議のように明快しましたが、―中略―黙って聞いた後、孝明天皇は「話はわかった。しかしながら汝らのいう事はすべて、国家の大事とは全然関係のない私にはつまらないことに思えるので、要求は全て退ける」と二十二人を追い出してしまいました。

彼らを裏側でコントロールしていた岩倉具視は、頭にもカチンときたでしょうし、どうにもならないと感じたでしょう。そして岩倉はまさにこの時、一挙に立ち上がってこれまでの朝幕体制、幕藩体制を完全に覆し、まったく新しい政治形態をつくろう、と思いつくのです。そしてこれがやがて倒幕につながるのです。すなわちそれまでの幕府と融和を図る政策を一切投げ捨て、幕府を根底から滅ぼす方向に転換するんだと。そして岩倉は動きます。すでに倒幕で一致している大久保一蔵、西郷隆盛らを中心とする薩摩藩士をつぎつぎと呼び寄せて密議を交わし、「幕府倒すべし」の方針を強く固めていきます」。

岩倉がこのように考えた時、その延長線上に何があるでしょうか。「孝明天皇」はずしです。

孝明天皇崩御①、アーネスト・サトウは『一外交官』の中で「一日本人が私（アーネスト・サトウ）に確言したところによると、（孝明天皇は）毒殺されたのだという」と記述しています。

孝明天皇が崩御したのが慶応二年十二月二十五日（一八六七年一月三十日）。満三十五歳です。

幕末史の中では極めて重要な時期に亡くなっています。

慶応二年一月には、坂本龍馬の斡旋で薩長連合の基礎が出来ました。慶応三年十月十四日（一八六七年十一月九日）には将軍徳川慶喜が大政奉還をして、十二月九日（一八六八年一月三日）には天皇が王政復古を宣し、本来なら孝明天皇の時代が始まるのです。

この時代には、重要人物が、極めて重要な時期に突発的に病死しています。

薩摩藩の島津斉彬は安政五年七月十六日（一八五八年八月二十四日）、鹿児島城下で出兵のための練兵を観覧の最中に発病し死去しました。藩兵五千人を率いて抗議のため上洛しようとしていた時です。

慶応二年七月二十日（一八六六年八月二十九日）、将軍家茂が大坂城で病死し、これを契機に、幕府は劣勢の長州征討から脱することが出来ました。

そして孝明天皇の病死です。

アーネスト・サトウは『一外交官』の中で疑問を提示しています。

＊＊＊

私は、プリンセス・ロイヤル号の甲板で日本の貿易商人数名に会ったが—中略—彼らは、天皇（孝明天皇）の崩御を知らせてくれ、それは、たった今公表されたばかりだと言った。噂によれば、天皇は天然痘にかかって死んだということだが、**数年後に、その間の消息に通じている一日本人が私〔アーネスト・サトウ〕に確言したところによると、毒殺されたのだという。この天皇は、外国人に対していかなる譲歩をなすことにも、断固として反対してきた。そのために、きたるべき幕府の崩壊によって、否が応でも朝廷が西洋諸国との関係に当面しなければならなくなるのを予見した一部の人々に殺されたというのだ。**この保守的な天皇をもってしては、戦争をもたらす紛議以外の何ものも、おそらく期待できなかったであろう。重要な人物の死因を毒殺にもとめるのは、東洋諸国ではごくありふれたことである。前将軍（家茂）の死去の場合も、一橋のために殺されたという説が流れた。しかし、当時は、天皇についてそんな噂のあることを何も聞かなかった。**天皇が、ようやく十五、六歳になったばかりの少年を後継者に残して、政治の舞台から姿を消したということが、こういう噂の発生にきわめて役立ったことは否定し得ないだろう。**

＊＊＊

アーネスト・サトウは孝明天皇の「毒殺」説を紹介しました。

アーネスト・サトウは駐日公使（今日の大使）をしていたので、退官していたとは言え、衝撃的な内容です。幕末時も東久世通禧《みちとみ》や大原重実《しげみ》侍従等朝廷の人々とも緊密な関係を持っていますし、駐日公使時代、様々な要人と会っていますから、全く根拠のないことは書かなかったと思います。

この当時、英国公使館内では、孝明天皇の「毒殺」説が検討されていたのでないでしょうか。

アーネスト・サトウと同じ時代、英国公使館で一緒に働いていたアルジャーノン・フリーマン・ミットフォードは著書『英国外交官の見た幕末維新』の中で、**「外国との交際の徹底的な反対者であった孝明天皇が、もっと生きていたら、その後の数カ月の出来事は、全く違ったものになっていたであろう」**（ミットフォード著『英国外交官の見た幕末維新』）と記述しています。

アーネスト・サトウの『一外交官』は戦前ほとんど一般に紹介されていませんが、**一九三八年文部省内の「維新史料編纂事務局」が非売品として『英使サトウ滞日見聞記維新日本外交秘録』を発行していますが、上記の「彼らは、天皇の崩御を知らせてくれ」からの部分は「……」となっています。**明らかに活字にしたくない意図が働いています。

「孝明天皇の毒殺」というタブーにあたる問題を、活字で切り開いたのは、アーネスト・サトウの功績でしょう。

孝明天皇崩御②、暗殺か否かで学説が割れています。さらに、同じ学者でも「毒殺説」をとっていた人が「病死説」に転向したケースもあります。それだけ混沌。

佐々木克氏は『戊辰戦争』で、次のように記述しています。

「前の天皇である孝明天皇は慶応二年（一八六六）十二月死亡した。天皇の死因については、表面上疱瘡で病死ということになっているが、毒殺の疑いもあり、長いあいだ維新史上の謎とされてきた。**しかし近年、当時天皇の主治医であった伊良子光順の残した日記が一部公けにされ、光順の子孫である医師伊良子光孝氏によって、孝明天皇の死は、光順日記で見るかぎり明らかに『急性毒物中毒の症状である』と断定された。やはり毒殺であった。**

犯人について伊良子氏はなにも言及していない。しかし、当時の政治情況を考えれば、自然と犯人の姿は浮びあがってくる。洛北に幽居中ながら、王政復古の実現を熱望して策謀をめぐらしている岩倉にとって、もっとも邪魔に思える、眼の前にふさがっている厚い壁は、京都守護職会津藩主松平容保を深く信認し、佐幕的朝廷体制をあくまで維持しようとする、親幕派の頂点孝明天皇その人であったはずである。岩倉自身は洛北の岩倉村に住んでおり、行動が不自由で朝廷に近づけなかった。しかし**岩倉と固くラインを組み、民間にあって自由に行動し策動しえた大久保利通がいる。大久保は大原重徳や中御門経之ら公卿のあいだにもくい込み、朝廷につながるルートを持っていた。**孝明天皇の周辺には、第二第三の岩倉や大久保の影がうごめいていたのである。直接手をくださずとも、孝明天皇暗殺の黒幕がだれであったか、もはや明らかであろう」。

石井孝氏も、「毒殺説」をとり、『幕末　悲運の人びと』の中で記述しています。

「伊良子氏が、医師としての立場から曽祖父〔典医の一人伊良子光順〕の記録によって検討した結果、天皇の死因は痘瘡ではなく、砒素系毒物による急性中毒であるという結論が出された。伊良子氏は、この毒物を「石見銀山」と推定している。「石見銀山」とは亜硫酸のことで、当時は殺鼠剤として広く市販されており、毒殺や自殺によく用いられた」。

佐々木克氏も石井孝氏も各々、著名大学の教授をされ、幕末史を専門にされているので、暗殺で決着したと思いました。

それでふと佐々木克氏の『戊辰戦争』の35版（二〇一七年）にある一九九〇年九月に書かれた「あとがき」を見ていましたら、最後に次の記載がありました。

「本書の8—9ページで、私は孝明天皇が薬物で暗殺された、と述べている。しかし最近原口清氏は、暗殺説を否定し、天皇の死因は『紫班性痘瘡と出血性膿疱性痘瘡の両者を含めた出血性痘瘡で死亡した』と明確に主張された、原口氏の説は説得力があり、私も同意したい。本文の私のかっての記述は、誤りであったことをここでお断わりし、あわせて読者の方がたに、おわび申し上げたい」。

全く「あれれ」です。にわかに、いろいろな識者がどう書いているか興味を持ちました。

孝明天皇崩御③、学者の間でも毒殺説を巡り対立が続いている中、私は半藤一利著『幕末史』がいいのでないかと思っています。

半藤一利氏の『幕末史』に「孝明天皇、暗殺される?」という章があります。

先ず「〔慶応二年〕十二月二十五日亥の半刻（午後十一時）、孝明天皇が突然亡くなってしまいます。御年三十六歳、原因は痘瘡（天然痘）によるものと発表されます。しかしながら、そこは微妙でして、二つの見方に分かれています。間違いなく病没であるという説と毒殺説です。これは現在も学者たちの間で分かれていて、なかなか決着がつかない」と、見解が分かれていることを紹介します。

そして自分の立ち位置を「私自身は毒殺説に立っておりますが、とくに証拠はございません」と説明します。

そして毒殺説側の論拠を紹介しています。

「十二月十二日から十四日にかけて孝明天皇は高熱を発し、十五日に医者の診断により、痘瘡の兆候がはっきりします。ところが二十一日、軽症であって快方に向かっていると診断され、これがこのまま治るからと、二十七日には全快を祝う祝宴を催すことが発表されます。それが二十五日、突然死んでしまうのです。しかも発表されたのは二十九日で、それまでの空白の四日間についてはこれという史料がありません」。

「病気にかかっている時に殺してしまえば、誰も疑わないいんじゃないか、そこで反幕府の公家さんたちが策略をめぐらして毒殺したのである、というのです」。

「では、犯人らしい人物がいるのか、となれば、天皇の一番近くにいて面倒を見ている良子《ながこ》さんという典侍は、天皇に直訴した改革派、かの中御門経之の娘です（別途、「十月二十七日には、おそらく慶喜の差し金でしょう。先に朝廷に強硬な改革案を持ち込んだ中御門経之と大原重徳が「朝憲を憚らず不敬の至り」として閉門を申し付けられ」との記載あり）。もう一人、一緒にいた高野房子さんも非常に怪しい女である。さらに、岩倉具視の実妹である元女官の堀河紀子《もとこ》―中略―は、すでに宮中から退いてはいますが、なんといっても宮中では厳然たる女官の親玉であり、言う事を聞く連中はいくらでもいました」。

原口説は、病状に加え、「孝明天皇と岩倉具視」という論文の中で、諸史料の分析から岩倉が慶応二年十二月（一八六七年一月から二月）の段階では「倒（討）幕」の意思を持っていなかったこと、孝明天皇の崩御が岩倉の中央政界復帰に直接結びついていないことなどを指摘し、岩倉が天皇暗殺を企てていたとする説についても否定した、とされていますが、半藤一利氏は、この論に反論していることになります〔半藤氏は将軍徳川家茂死去後、二十二名の公家が「反幕府」で動いたのを孝明天皇が叱責し、この頃に反孝明天皇の意を傾けたと推定されていることについてはすでに紹介しています〕。

私は、病状から見て、毒殺の可能性もある、痘瘡による出血の可能性もあるという事情であれば、政治的環境からして暗殺の行う可能性が高いと思います。

孝明天皇崩御④、「孝明天皇が生きておられたら」で考えてみます。

将軍徳川慶喜の『昔夢会日記』を見てみます。

この本には「孝明天皇　幕府を信頼し給いし事」が二カ所あります。

「**叡慮〔天子のお考え〕は、とても薩州へ兵権を任しても長藩へ任しても、誰にどうしても治まらない。どうあってもこれは前々のとおり徳川家に任せなければ、今ほかへ変えてはとても治まらぬからというようなお話を伺っているんだ。**そうしてみると、表向きとまるで違う。しかしながら言ってくれるなとおっしゃる」。

と述べています。この言及は八月十八日クーデターに関してですが、他の評価を述べていないので、慶喜の孝明天皇の一貫した評価であったろうと思います。

当然朝廷内で同じ感触を聞いた人は多くいるとみられます。「孝明天皇が生きておられたら慶喜も参加させた形での公武合体を追求した」と懸念するのは十分な根拠があると思います。

孝明天皇崩御⑤、何故「暗殺説」が戦前にあまり出てこなかったのでしょうか。

すでに見てきた様に、アーネスト・サトウは『一外交官』の中で「一日本人が私〔アーネスト・サトウ〕に確言したところによると、〔孝明天皇は〕毒殺されたのだという」と記述しました。アーネスト・サトウが日本を去る前、東久世通禧が送別会を開催し、そこに備前侯〔議定心得、刑法官副知事池田章政〕、公卿の大原重実侍従、木戸孝允、町田久成、森有礼が出席しています。さらに岩倉具視は「通訳をしてくれた御礼」として蒔絵の用箪笥を贈っています。つまり朝廷の中にも強い人脈を築いています。それとなく、「孝明天皇暗殺」と探っていたと思います。

しかし、「孝明天皇暗殺」となれば、明治政府の正当性は大きく崩れます。

その説は第二次大戦まで、存在を許されない説であったと思います。

第七章　「倒幕」志向の英国と、幕府支援のフランスの対立

アーネスト・サトウと同じ時期、英国公使館で働いた人物にアルジャーノン・フリーマン＝ミットフォードがいます。アーネスト・サトウは移民の子で、かつ非国教徒、優秀であってもオックスフォード大学やケンブリッジ大学に行けず、外務省も「語学研修生」として入り、日本での勤務が抜群に優秀なため「外交官」のステータスを獲得していきました。

一方のミットフォードはイートン・カレッジとオックスフォード大学で学び、外務省に入省し、サンクトペテルブルク英国大使館の三等書記官に任命されるという本流中の本流を歩んでいます。後、シェイクスピアの故郷として著名なストラトフォード＝アポン＝エイヴォン選出の下院議員、初代リーズデイル男爵になっています。

パークス公使は、語学や日本政治事情に詳しいアーネスト・サトウより、ミットフォードを重用しているように見受けられます。

ミットフォードは『英国外交官の見た幕末維新』で次を書いています。

「私がこの国に到着した頃、この国は政治的に熱病に罹った状態にあった。―中略―**この動乱に、西洋人が一役買っているのだが、明らかな理由があって、今まで大して注意されていなかったのである。しかし、それは実際には非常に重要な役割を果したのだ。**一八六六年、それはパークス公使とフランスのレオン・ロッシュ公使の二人の間の支配権争いとなって現れたのである。

パークス公使とロッシュ公使はお互いに憎しみ合い、二人の女のように嫉妬し合っていたといっても言い過ぎではあるまい。大名と将軍の戦に際し、この猪武者〔ロッシュ〕は間違った馬を応援したのである。

パークス公使はサトウの政策が賢明であり、その助言が価値があることを理解して、それを実行に移す勇気と決断力を持っていたので、大名たちを心情的に全面支持していた。しかし、一方で**ロッシュ氏は将軍支持に固執して、無駄な努力を続けていたが、将軍の威勢は次第に衰えて、まさに消えなんとしていたのである。**

ある日、パークス氏は突然、私の部屋に旋風のようにやって来たが、いつも興奮した時の癖で、彼の明るい赤い髪の毛は根元から逆立っていた。「いったい何が起こったのです」と私が聞くと、「何があったかだって?」と彼が答えた。「ロッシュのやつめが、私に何と言ったと思う? 将軍の軍隊の訓練のためにフランス本国から陸軍教官団を呼ぶつもりだと言うんだ。構うことはない。絶対に彼に対抗してみせる。こちらは海軍教官団を呼ぼう」。そして彼は言葉通りにした。―中略―シャノワーヌ大尉の指揮する陸軍教官団が到着した。―中略―それから間もなく、パークス氏のフランス側への反撃要請に応えて、トレイシイ大佐の率いる海軍教官団が到着した。

ロッシュの幕府支持を過重評価してはならないことである。

ロッシュを駐日公使にしたのは外相ルイで、ロッシュが、幕府の要請に従って、在日仏軍の増派を求めた時これを承認しなかった。

彼は、コーチ・シナ（交趾支那）を極東におけるフランス勢力の中心として、その兵力をみだりに他所へ移すべきでないと考えていた。

ボナパルト政権は、国内でも孤立化の色彩がこく、外交的には失敗が相次ぎ、新興国プロシアとの危機が増大していた。この様な際、どうして日本のような遠隔地で、最終的勝利の疑わしい幕府を支持して、英国との対立を激しくするような政策をとることができようか。


彼の主張で注目されるのは、「動乱に、西洋人が一役買っている。実際に非常に重要な役割を果たした」としながら、「明らかな理由があって、今まで大して注意されていなかった」としている点です。フランスは幕府支援という間違った選択をしたわけですから、「非常に重要な役割を果たした」のは英国です。「明らかな理由があって、今まで大して注意されていなかった」という言葉は、英国が果たした役割について英国自ら語ってこなかったことを意味します。

かつ明治政府の「維新」は沿革的には「攘夷」です。しかしこの維新の成功が結局は「英国の支援によるところが大きい」というのは、あまりにも格好が悪い。新政府の威信を傷つけることになります。

幕末、英国は大きい影響を与えていませんが、その中で英国は香港のように植民地を獲得することは目指さず、日本政治の安定を追求しています。

アーネスト・サトウや、英国公使パークスの動きを見るのに、その頃の英国外交政策全体の流れを見ておきたいと思います。

英国は一八五〇年代まで植民地主義をとっていました。インドを植民地にしていますし、阿片戦争を通じて、香港を獲得し、中国を半植民地化しました。

しかし、植民地はそれを経営・維持をするのに莫大なお金がかかります。

かつ植民地にされた国では、通常反発が高まり、暴動が起こります。これを未然に防ぎ、鎮圧するには莫大な費用がかかります。

植民地では、宗主国が植民地を搾取する額と、宗主国が植民地の治安や、安定を図るために行う投資を比較すると、前者が少ない場合が多いのです。

英国内に、費用のかかる植民地経営は止めて、自由貿易を推進することの方が英国の利益に結び付くという考え方が出てきます。これを、「小イギリス主義」と呼びます。

「小イギリス主義」という言葉自体は、一八九〇年代初頭，時の外相ローズベリーによって初めて使われたと言われています。

植民地を拡大しない、自由貿易を推進するという考え方が影響力を強めるのは、十九世紀前半から中葉にかけてです。この時期、イギリスは工業化に成功し、英国の製品は圧倒的な総体的優位性を持ったのです。こうした考えは政治家だけで主張されているのではなくて、マンチェスターの生産者達が、植民地経営への税に反対しています。

こうした「小イギリス主義」の主張が出てきたことは、日本にどういう影響を与えるでしょうか。

つまり、英国側に、一八四〇年から二年間戦われた阿片戦争の様に、日本を植民地にしようという意識は極めて薄くなり、英国としては、自由貿易を出来る環境を作ることを最重視しています（この項の理解には石井孝著『学説批判明治維新論』での「小イギリス主義」に関する記述が参考になります）。

アーネスト・サトウは、英国として、どの様な選択があると思っていたでしょうか。

英国は倒幕側を支援しますが、英国として、その当時様々な考え方があったことをアーネスト・サトウは『一外交官』で記しています。

選択一、幕府を支援し続ける。

これは、単に仮定の考え方ではなくて、一八六三年（文久三年）当時、英国が幕府に示唆した政策でした。

アーネスト・サトウは一八六三年の書簡に言及しています。

この書簡はオールコック公使が英国に一時帰国中に代理公使ニールが発出したものです。

「ニール中佐より

日本の外国事務相へ

一八六三年六月二十四日〔文久三年五月九日〕

─中略─第一に、大ブリテンがこの国との間の条約上の責務を存続させ、これを励行する上に最も効果のある、厳重にして断固たる処置に出ずべきことは毫末の疑いもありません─中略─。条約上の責務を従来よりもはるかに満足な、そして強固な基盤におくために、その目的達成に向けられる何らかの合理的にして首肯することのできる手段をすみやかに公表させ、またこれを実施させることも、これまた両元首の可能とするところでしょう」。

さて、この手紙のどこが問題でしょうか。

アーネスト・サトウは次のように述べています。アーネスト・サトウは「合理的にして首肯することのできる手段」が〝曲者〟と言っています。

「「合理的にして首肯することのできる手段」とは─中略─イギリス側から大君〔将軍〕に与えようという物質的援助の計画を暗示する」。

実際具体的に幕府に援助を打診した時があったのです。

石井孝著『明治維新の舞台裏』には次の記述があります。

「オールコック〔公使〕は─中略─安政六年（一八五九年）日本に来てから文久二年（一八六二年）二月、帰国するまでは、完全な幕府の支持者であった。

オールコックが帰国している間、代理公使をつとめたニールも、幕府を条約の保護者とみなした。

生麦事件以降、幕府が─中略─イギリス側の要求に応じ得ないのを、反対派の圧迫による幕府の無力化の結果であるとみた**ニールは、文久三年（一八六三年）三月、フランス公使ギュスターヴ・デュ**

シェーヌ・ド・ベルクールと協議のうえ、幕府にたいする海軍力の援助を提案した。幕府側には、内心これを欲しているものもあったが、国内の反対が強まり幕府がいよいよ危機に追い込まれるのを恐れて、両国の好意に深謝の意を表しつつ、いまはその時機でないとして、これを謝絶した」。

英国は、幕府に対する軍事的支援を考えていたのです。

文久三年五月十日は攘夷を決行する日で、長州藩が五月十日米国の商船、五月二十三日フランスの軍艦を攻撃し、更に七月二日、薩摩藩の砲台がイギリス艦隊と交戦した頃です。

もし幕府が英国の軍事援助を受けていたらどうなっていたでしょうか。

その時は多分、英国貿易商グラバーは薩摩藩や長州藩に武器や軍艦を売りつけることは出来ないでしょう。

アーネスト・サトウは『一外交官』で次のように述べています。

「**この種の援助政策がうまく実行されれば、――中略――一八六八年の革命は困難となり、おびただしい流血なしには成就しなかったであろうし、また日本国民は、外国の援助で自己の地位を強化した支配者を憎悪するに至ったであろう。**そうなれば、大君は苛酷きわまる抑圧手段によらなくてはその地位を保ち得なくなり、国民は恐るべき永久の独裁政治下に屈服を余儀なくされたであろう。**大君の閣老が、外国からの援助申し出を拒否するだけの充分な愛国心を持ち合わせたことは、まことに喜ぶべきことであった。**かくして、日本人は自己の力で自分の救済を行なうようになり、革命が勃発した時も、生命財産の損失をわずかの範囲に食い止めることができたのである。そして、この革命の達成によって日本国民は、文明化された比較的自由な制度を建設し、それにより利益をうけることができたのであるが、もし、日本人がヨーロッパの某国人（訳注、フランス人）の提言を聞き入れたとしたら、それは永久に阻止される結果になったかもしれない」。

選択二、内政に介入しない。

アーネスト・サトウは『一外交官』で次のように記述しています。

「彼〔パークス公使〕が一八六八年の革命の際に別の側に立っていたならば、或いは、彼が多数の公使仲間と一緒に単純な行動に組していたならば、王政復古の途上にいかんともなし難い障害が起こって、あのように早く内乱が終熄することは不可能だったであろう」。

ここでは、後に見ていくことになりますが、江戸城の無血開城でのパークスの貢献が指摘出来ます。

選択三、日本が内戦状況になり、外国がそれぞれの対立グループを支援する。

「私は、内政問題に関し諸大名の意見が互いに一致していないのだから、何らかの形で戦争が行なわれなければ問題は解決できるとは思われぬ、二、三十年も戦乱がつづいて、日本が著しく疲弊するとなると、諸外国はその機会に乗じていずれかの一派を援助して他派に対抗し、しまいに日本の領土の一部をわが物とするに至るだろう」。

選択四、最悪、外国の支配が行われたらどうなるか。

「私の日記にも書いてあるように、日本の下層階級は支配されることを大いに好み、権能をもって臨む者にはだれであろうと容易に服従する。ことにその背後に武力がありそうに思われる場合は、それが著しいのである。―中略―

もしも両刀階級の者をこの日本から追い払うことが出来たら、この国の人民には服従の習慣があるから、外国人でも日本の統治はさして困難ではなかったろう」。

これら、選択は一から四まであったのですが、英国は「倒幕側」を支援し、結局幕府が倒れ、明治政府が成立しました。多分日本にとって最も有難い選択だったのでないでしょうか。

そして、結果として日本にとって「最も有難い選択」となったことには、何人かの存在があります。パークス公使がそうでしょう。アーネスト・サトウがそうでしょう。そして「幕末史」の中で最も低い評価がなされている徳川慶喜もそうでしょう。この点はこれから見ていきます。

ロッシュ・フランス公使は幕府を支援し、英国は倒幕側を支援します。

ロッシュ・フランス公使は幕府を支援し、「倒幕側」の支援に方向を変えたパークス公使と対立します。

アーネスト・サトウが『一外交官』で次のように記述しています。

＊＊＊

新納〔刑部〕の話の模様からして、—中略—薩、長二藩の間に目下和親の相談が進められており、今後薩摩と長州は提携して大君〔将軍〕と対決するであろうということがわかったのである。この二藩が共にイギリスと親善関係にあったことは幸いだった。—中略—イギリス公使館は、後年、諸外国と維新政府との間に立って、斡旋者として行動したのである。一方、フランス公使館は、大君の側を支持していた。**ロッシュ氏は横須賀に兵器廠を設立して、徳川氏の軍事組織を新しいすぐれた基礎の上に置こうとし、また大君の軍隊を教練するために優秀なフランス士官を周旋した。**このロッシュ氏は、一橋（慶喜）に物質的援助をあたえた、いや、あたえようとしているとの風評さえあった。彼はこの政策を、事実による否応なしの証明によって、ついに自らの愚を悟るに至るまで続けたのである。そして、北ドイツの代理公使フォン・ブラント氏やイタリア公使ラ・ツール伯も、このロッシュ氏の政策に追随したのであった。一方、オランダの外交理事官はハリー卿の側にくみし、新任のアメリカ公使ファルケンブルグ将軍は中立の態度をとっていた。

＊＊＊

つまり、将軍・慶喜が鳥羽・伏見の戦いで敗れた後も、最後までフランスの支援を受け入れる姿勢をとっていれば、徳川側：フランス、北ドイツ、イタリア対英国、オランダの援助合戦が継続した可能性があったのです。

元駐仏日本大使・矢田部厚彦は、ロッシュという人物に焦点を当てて『敗北の外交官　ロッシュ』を書いています。

ロッシュ仏公使は最後まで幕府を支援し、それを頑固に突き進めた所がありますが、それは結局フランス国内での彼の立場を危うくするものになりました。

＊＊＊

元治元年八月五日（一八六四年九月五日）、四国艦隊の下関攻撃の直後、小栗忠順は勘定奉行に復活した。四国艦隊の下関攻撃を契機として、幕府は主体性を取り戻そうとする態勢を取るようになった。

おりから、この年の三月二十二日（四月二十七日）、日本に渡来したばかりのフランスの公使ロッシュは、日本におけるイギリスの優勢に対抗しようとして、幕府への働きかけを積極化した。

これに応じて、幕府内部でも、フランスからの援助を頼りに、幕府の勢力強化を企てようとする「親仏派」というべき一派が形成されてきた。

「徳川絶対主義」の推進が、フランスからの軍事的・経済的援助の獲得にかかっていた時、小栗を中心とする「親仏派」の役割は極めて大きかった。

「親仏派」の最初の大きな事業は、横須賀製鉄所（造船所）の建設である。

フランスからの軍事援助を推進するには、大きな代償が必要である。当時の幕府ははなはだしく窮乏していた。ロッシュは、建設費を支払うため、生糸を外国へ直接輸出する方法があることを幕府に教えた。

駐日公使ロッシュの急激な影響力拡大と日仏関係の緊密化は、あまりにも急速で、あまりにも傍若無人だったので、衝撃を受けたイギリス公使館及び横浜のイギリス居留民たちが黙って手を拱いている筈はなかった。

〔駐仏〕イギリス大使の抗議を受けたフランス外務大臣は、ドルーアン・ド・リュイスに替わったばかりのド・ムースティエであった。ムースティエ新大臣は、経緯詳細を報告するようロッシュに厳しく訓令するとともに、「フランスの利益のために執られる貴使の措置は、われわれの競争者にいかなる非難の口実をつくるものであってはならないことが喫緊の要である」と警告した。

石井孝は、これが外務大臣更迭に伴って、フランス政府の対日積極策が変更された結果であると解している。しかし、—中略—フランスの一貫した対日政策は、フランスの名誉ある存在の維持、イギリスをはじめとする条約国との協調、日本の内政への不介入を三本柱とするものであり、この基本線には何の変化もなかった。

＊＊＊

徳川慶喜は一時期、ロッシュとの協調を考えていたと思います。慶応三年二月六日（一八六七年三月十一日）「仏公使を引見、ロッシュ、薩・長二藩とイギリスの策謀につき慶喜に警告、二月二十日ロッシュ引見、三月二十七日ロッシュ引見、七月二十五日ロッシュ引見と実に頻繁に仏公使ロッシュと会っています。そして慶応三年三月よりフランス語を学び始めているのです（出典『昔夢会筆記』）。慶喜は洋装の軍服姿の写真を残していますが、これはナポレオン三世から贈呈されたものと言われています。一時期、慶喜はロッシュの方に傾きかけていたのでしょう。

ロッシュ・フランス公使は確かに、倒幕を志向する英国とは立場を異にします。

しかし、フランス本国の外務省は、日本という舞台で、英国と対立する意思はないとの考えです。

第八章　倒幕への道

朝廷主体の政治になることは確実になってきますが、争うは徳川家（江戸）を入れて朝廷政治を行うか、徳川家抜き、薩長連合主体で行うかの戦いです。

第二次長州征討で幕府軍が長州軍に敗れ、徳川幕府は最早日本を統治する力がなくなりました。ここから新たな政治体制の模索が始まります。

公武合体側の動き①、公武合体の理念作りに坂本龍馬、後藤象二郎等が貢献します。

幾つかの動きがありますので整理しておきます。

1：慶応三年六月九日（一八六七年七月十日）、坂本龍馬が船中にて、後藤象二郎に示した案。「**船中八策**」と

公武合体（徳川も政治に参加）		倒幕	
理念面	政策	理念面	武力等の行使
・統治体制の構築 ・山内容堂の公武合体 ・実権掌握	・先ずは自ら脱徳川統治 ・実態で徳川慶喜主導を計る王政復古	・王政復古（薩・長・公家連合）	・孝明天皇暗殺？ ・徳川慶喜排除 ・鳥羽・伏見の戦いへ

呼ばれるものです。

●**大政奉還**（天下ノ政権ヲ朝廷ニ奉還セシメ、政令宜シク朝廷ヨリ出ヅベキ事。）

●**上下両院の設置による議会政治**（上下議政局ヲ設ケ、議員ヲ置キテ万機ヲ参賛セシメ、万機宜シク公議ニ決スベキ事。）

●**有能な人材の政治への登用**（有材ノ公卿諸侯及ビ天下ノ人材ヲ顧問ニ備ヘ官爵ヲ賜ヒ、宜シク従来有名無実ノ官ヲ除クベキ事。）等

2：十月三日（十月二十九日）後藤象二郎が老中板倉勝静の下に建白書を提出します。

山内容堂が「王政復古の業を建てざるべからざるの一大機会と存じ奉り候」という大政奉還建白書を書き、これに「大政奉還建白書別紙」で

一、**天下ノ大政ヲ議定スルノ全権ハ朝廷ニアリ**、乃我皇国ノ制度法制一切万機必京師ノ議政所ヨリ出ヘシ

一、議政所上下ヲ分チ議事官ハ上公卿ヨリ下陪臣庶民ニ至マテ正明純良ノ士ヲ撰挙スヘシ

等を提言します。

3：十一月坂本龍馬は次の内容を含む「新政府綱領八策」を提示し

ます。

第一義　天下有名ノ人材を招致シ顧問ニ供フ

第二義　有材ノ諸侯ヲ撰用シ朝廷ノ官爵ヲ賜ヒ現今有名無實ノ官ヲ除ク

第三義　外国ノ交際ヲ議定ス

第四義　律令ヲ撰シ新ニ無窮ノ大典ヲ定ム

第五義　**上下議政所**

（第六～第八略）

この龍馬自筆本が国立国会図書館にあります。

この**「新政府綱領八策」は**「〇〇〇**自ラ盟主ト為リ**此ヲ以テ朝廷ニ奉リ始テ天下萬民ニ公布云云」とあり、〇〇〇が指導的立場に就くことを想定しています。

〇〇〇が誰であるかが問題で、徳川慶喜、山内容堂、松平春嶽などが想定されます。徳川慶喜であれ、山内容堂であれ、松平春嶽であれ、倒幕派ではありません。

別途、坂本龍馬の構想に関し、渋沢栄一著『徳川慶喜公伝』において、次の記述があります。

坂本龍馬の人事構想では、関白、議定、参議を定めて、「別に内大臣を置き、公を以て之に擬したり（由利公正手記）」と記載されています。由利公正は福井藩の藩士で、坂本龍馬とは親交を結んでいます。

こうしてみますと、この時点で坂本龍馬は、薩摩・長州藩が倒すべき相手側にいる状態になりました。

ここで議会として「上下議政所」というものが出てきます。どうして二院制でしょうか。

徳川慶喜は『昔夢会筆記』で次の様に述べています。

『昔夢会筆記』は珍しい本です。『昔夢会筆記』は、「徳川慶喜公が予（渋沢栄一）等の問に対えて、その御閲歴を語り給える御談話の筆記なり」とされるものです。

「予が政権返上の意を決したるは早くよりの事なれど、さりとていかにして王政復古の実を挙ぐべきかということには成案なかりき。如何となれば、公卿・堂上の力にては事うゆかず、諸大名とても同様なり。―中略―要するに、**朝幕ともに有力者は下にありて上になければ**、その下にある有力者の説によりて、百事公論に決せば可ならんとは思いしかど、その方法に至りては、いまだ何等の定見なかりしなり。**松平容堂の建白出ずるに及び、そのうちに上院・下院の制を設くべしとあるを見て、これはいかにも良き考えなり、**上院に公卿・諸大名、下院に諸藩士を選補して、公論によりて事を行わば、王政復古の実を挙ぐるを得べしと思い、これに勇気と自信とを得て、遂にこれを断行するに至りたり。」

そういう意味で、坂本龍馬が、慶喜が欲するアイディアを提供出来たのは大変なことだったと思います。徳川慶喜が大政奉還を行う契機になっています。

大政奉還①、追い詰められた幕府にはどの様な選択肢があったでしょうか。

慶応三年十月十四日（一八六七年十一月九日）、徳川慶喜は、「政権を朝廷に帰し奉る」という「大政奉還」を行います。しかし、「大政奉還しました。後はご自由に」ではないのです。

大政奉還で徳川慶喜は政治への発言力を放棄したのでしょうか。

大政奉還上表文には、「政権ヲ朝廷ニ奉帰、広ク天下之公儀ヲ尽シ、聖断ヲ仰キ」となっています。

倒幕の動きが活発になった時に、幕府の取り得る選択肢は三つです。

第一は幕府独裁体制の継続。

第二は諸藩連合政権、天皇を形式的に頭部に置き、諸国連合が国政を決定。慶喜の役割は諸侯会議のリーダーから一大名という様々の形態。全国三千万石の内、徳川は四百万石ですから、徳川家が重要視される可能性が高い。

第三は倒幕で、徳川家は完全に政治から去る。

こうした中で、大政奉還上表文には「広ク天下之公儀ヲ尽シ、聖断ヲ仰キ」というその後の政権の在り様にまで言及しています。

先ほどの選択の中の第二の選択なのです。

アーネスト・サトウは慶喜の意図を見抜いています。

「列藩会議を招集しようと決意したのは、自派勢力の一致を目的とするもので、それが実現すればおそらく大多数の票を得て元の職へ復帰することもできるし、それにより大君の権威を前よりも確固たるものにすることができると考えたからだ」(『一外交官』)。

徳川慶喜が十二日、幕臣を集め、述べられた骨子は次のようなものです（渋沢栄一著『徳川慶喜公』）

「今徳川家の武備衰弱して、天下諸侯を制馭するの威力なきのみならず、二十年来の罪政を数へ立てられなば、弁解の辞あるべからず。

此時に当たりて徒に神祖覇圖の形迹に執着して、此儘に持ち堪へんとすれば、無理多くなりて、罪責益加はり、遂には奪はるるは必然なりと見切りたり。

因りて**今政権を朝廷に還し奉り、政令を一途にし、徳川家のあらん限り、力の及ぶだけは、天下諸侯と共に、朝廷を輔け奉り**、日本全国の力を戮せなば、皇国今後の目的もさだまらんか。

さりながら、是とても見越の事にて必ず其通りに行くとは、洞見し難し」。

これを見ると慶喜の考えがかなり明確にわかります。
①幕府はもはや諸大名を押さえる軍事力はない。
②他大名と共に、朝廷を助けていく。
③しかし今後の見通しはどうなるかわからない。
かなり達観した所があります。

公武合体側の動き②、徳川慶喜は大政奉還を行います。ではこれで慶喜は政界から引退を考えているのでしょうか。全く違います。朝廷政治の中心になることを考えています。


徳川慶喜は慶応三年十月十四日（一八六七年十一月九日）に政権返上を明治天皇に奏上しました。その背景を、慶喜が『昔夢会筆記』で語っています。

「大政を返上して、それで自分が俗に言う肩を抜くとか安を偸《ぬす》むとかいうことになってはすまない、大政を返上した上は、実はあくまでも国家のために尽そうという精神であった。しかし、返上した上からは、朝廷の御差図を受けて国家のために尽すというのだね、精神は」。

そして具体的には土佐藩の考えは新政府で慶喜が中心になることが想定されていました。

この点について井野邊茂雄〔東大の史料編纂官〕氏は次の質問をしています。

「あの頃山内容堂などの計画では、議政府というものを設けまして諸大名・旗本・諸藩士、そういう者から俊才を抜擢して、会議制度で政治をやって行こうという案でございます。容堂の腹の底では議政府の議長みた《（ママ）》ようなものを御前に願って、やはり徳川家が政治の中心であるかのごとき形でやって行きたいというような計画をいたしておりました。何かそんな風の事柄につきまして」。

これに対して慶喜の答えは「それは容堂の方にあるのだ。こちらにはない。すべて返上した以上は、朝廷の命を奉じて何でもやろう、こういうだけの精神だ」と述べています。しかし、容堂の動きを「是」としていたことは確かなようです。『昔夢会筆記』で、「土佐はまったく薩長連合の当時から加盟しておらぬようですな」との問いに慶喜は「加盟していない。容堂はまたあの人の見識があった」と述べて、山内容堂を評価しています。

西郷は武力で幕府を倒す構想を長州藩に伝えます。

慶応三年八月十四日（一八六七年九月十一日）長州藩の密使、御堀耕助（御楯隊を結成し総督となる。高杉晋作が決起すると、これに呼応して御楯隊を率いて俗論派と戦った）と柏村数馬が、京都の小松帯刀の舘で西郷等と会います。

ここで西郷は主張を貫徹するには「兵力を以て行く處まで行く外ない」との決心を述べます。長州側は「御秘策の委細仰聞けられますやうに」と問います。

西郷は軍事行動予定を述べます。

「**薩邸に居合せの兵員千名はある。三分の一を以て御所御守衛に繰り込む。正義の堂上方残らず参内。三分の一を以て会津邸を急襲する。残る三分の一を以て堀川邊幕兵屯所を焼く。**別に国元より兵員三千差登す。これを以て浪花城を抜き、軍艦を破砕する。江戸表にも定府その外取り合せ千人位はをる。外に水藩其他の浪士のもの所々に潜伏しをる。―中略―かくて、期を定めて三都一時に事をあげる策略。素より勝敗は予期すべきでない。弊国斃るればまた跡を継ぐ藩もあらうかと、それを頼みに一挙動仕る所存である」。

長州側は「御決心の程、誠に感服の外ない。―中略―御話を伺ひ、御尽力の次第、皇国のため、欽慕に堪へぬ。帰国の上、御父子様へも委細申上げ、時来らば死力を致す考につき、此の上とも御見捨なく御協力の程相願ひ申上げる」と返事しています（下中弥三郎著『維新を語る』）。

ここで土佐藩、坂本龍馬の評価について意見交換しています。

坂本龍馬は「策を持出しても幕府で採用あるまいから、右を鹽に幕と手切れの策をとる」と薩摩藩側に説明していることを、西郷は述べます。

では歴史が示す様に、幕府が坂本龍馬の案を採択したら、薩摩藩と龍馬の関係はどうなるのでしょうか。

薩摩藩の兵士千余名が京都に上ります。

九月十一日島津珍彦は千余人を従えて京都に乗り込みます。「この兵士こそ、西郷が王政復古遂行の目的を以て特に国元から呼び寄せた最初の兵士であったのである」（下中弥三郎著『維新を語る』）。

そしてこの時期、大久保利通が長州に使節としていきます。ここで出兵の打ち合わせをします。

倒幕の密書が発出されます。

薩摩藩士と、岩倉具視が謀議を重ね、十月四日小松帯刀、西郷隆盛、大久保利通は中山忠能、正親町三条実愛、中御門経之に、倒幕の宣旨降下について執奏盡力を依頼する趣旨書を発出します。

十月九日、岩倉具視は「断然と征夷将軍職を廃せられ、大政を朝廷に収復」することを求める奏聞書を書き、中山忠能から密奏させます。

そして、源久光（島津久光）、源忠義（島津忠義）宛てに下記が発出されます。同様に長州藩主にも発出されます。

「詔、源慶喜は累世之威を籍り、闔族の強を恃み、妄に忠良を賊害し、数、皇命を棄絶し、遂に先帝の詔を矯して懼れず、万民を溝壑に擠して顧ず、罪悪の至る所、将に神州傾覆せんとす。朕今民の父母と為り、是賊にして討ずば何を以て上先帝之霊に謝し、下万民之深讐に報ん哉。是朕の憂憤する所、諒闇に在ても顧ざるは万已を得ざる也。汝、宜く朕の心を体し、賊臣慶喜を殄戮し、以て速に回天の偉勲を奏し生霊を山嶽の安きに措くべし。此朕の願を敢て或懈するなかれ」。

これをうけ、慶応三年十一月十三日藩主島津忠義は三千の兵を率いて海路京に向かい、二十日大坂着、二十三日入京します。（『維新を語る』）

坂本龍馬が暗殺されるのは十一月十五日です。

アーネスト・サトウと同じく英国公使館員ミットフォードは活発に動いています。

一八六七年十一月九日（慶応三年十月十四日）将軍徳川慶喜が「大政奉還」を行い、一八六八年一月三日（慶応三年十二月九日）天皇は「王政復古」を宣言し、一月三十日（慶応四年一月六日）に幕府軍は鳥羽・伏見の戦いで倒幕軍に敗れるという目まぐるしい動きがあります。

この時期、アーネスト・サトウはミットフォードと共に兵庫の開港に備え、関西にいます。

二人は一八六七年十一月三十日（慶応三年十一月五日）の夜明けに、英国軍艦に乗り、大坂へ向かい、十二月三日に到着しています。

この重要な時期に、アーネスト・サトウは実に様々な人と会っています。

大坂行きの前に「大政奉還」がなされています。

外国奉行である石川河内守が十一月十六日（十月二十一日）、「政治の大権を天皇に返還した」とパークス公使に伝えます。

勝海舟がアーネスト・サトウ達に、「内乱が勃発する恐れがあることを懸念している」と伝えます。

中井弘（元薩摩藩士、脱藩後、土佐藩士と親交を結ぶ）が後藤象二郎の手紙を持ってきます。土佐藩が将軍に提言した内容を記しています。

吉井幸輔（薩摩藩士）が西郷隆盛と小松帯刀の動静を連絡に来ます。

十二月十四日（十一月十九日）、吉井幸輔が訪れ、①薩摩、土佐、宇和島、長州、芸州の間に連合が成立した。これらの藩は主張を貫徹するため、事態をどんづまりまで押していく決心をしている、②大君（将軍）は京都に約一万、薩摩と土佐は両者合わせてその半分の軍勢を集めている。大君派の中には、長州藩を完全にやっつけるため戦争の再開を強行すべしという連中が多いので、長州問題を平和の裡に解決するのは至難であろうと述べています。

十六日（十一月二十一日）に**宇和島藩士、須藤但馬と西園寺雪江**が訪れに来ます。

十六日、中井弘と共に、後藤象二郎に会いに行きます。

十七日（十一月二十二日）、アーネスト・サトウは西郷隆盛を訪れます。

二十日（十一月二十五日）、**伊藤（博文）と会います。伊藤は「戦争は回避し難い、**その目的はあまりにも大きい徳川の領地を大君（将軍）から取り上げることだ」と言い「**戦闘行動を実際に開始する期日が切迫した場合には、あらかじめサトウに知らせる**」と約束します。

二十四日（十一月二十九日）、江戸における**薩摩藩の留守居・篠崎彦十郎**（『一外交官』では弥太郎となっています）から手紙をもらいます。そこには「日本の現状を掌中の卵殻にたとえ、小松と西郷に向かって平和を維持するように説得してくれ」と記載してありました。

（篠崎彦十郎を調べてみました。次の記載があります。「薩摩鹿児島藩士。物頭格をへて、江戸藩邸の留守居となる。慶応三年西郷隆盛の命をうけた益満休之助らが浪士をあつめて幕府側を挑発。江戸取り締まりの鶴岡藩兵を主力とする幕府軍に江戸藩邸を砲撃され、慶応三年十二月二十五日（一八六八年一月十九日）戦死。42歳」（『デジタル版日本人名事典＋ＰＬＵＳ』）。

なんとアーネスト・サトウに「小松と西郷に向かって平和を維持するように説得してくれ」と書いて数日後に殺害されているのです）。

アーネスト・サトウはこの微妙な時期に、幕府に武力行使を主張する薩摩藩の西郷隆盛、長州藩の伊藤博文、そして公武合体を模索する土佐藩の後藤象二郎、更には江戸で薩摩藩が不穏な動きを見せている中で薩摩藩の留守居・篠崎彦十郎と会ったり連絡をとったりしているのです。勿論幕府側とも接触しています。この時期、日本人でもこの広さで接触している人はないのでないでしょうか。

アーネスト・サトウと行動を共にしていたミットフォードは著書『英国外交官の見た幕末維新』で次のように書いています。

「一八六八年の一月一日は、まさに新体制の生誕の日であった。これまでの数カ月、国中に不安が満ちて、熱病にかかっているようだった。策略があり、その対抗策があり、また、陰謀があるという具合で――中略――。

我々は戦いの犬たちが解き放されたと感じるようになった。**薩摩の藩主が将軍職と古い閣老の制度を廃止し、それに代えて国務大臣と行政機関で構成された立憲政府に類似した政体を作ることを提案**

しているとのことだった。それはサトウと私が、後藤象二郎に彼の求めに応じて与えた助言を反映しているのと認めざるをえなかった。

事態は目まぐるしい速さで転換し、毎日、新しい局面を迎えた」。

幕府を倒し、新政権を作った時の政治形態をどうするか、極めて重要な問題に、アーネスト・サトウとミットフォードは後藤象二郎を通じてアイディアを提供していたのです。

王政復古：この時の王政復古は公武合体を廃し、徳川家を朝廷の協議に参画させないクーデターなのです。

慶応三年十二月九日（一八六八年一月三日）、天皇は王政復古を宣します。

「王政復古」は単に朝廷が政治を司ることだけでなく、徳川家（江戸）を政治に参画させないクーデターなのです。

これより先、徳川慶喜は「大政奉還」を行いました。新体制の在り様は明確ではありませんが、この中で、慶喜が中心的役割を果たしていくことが想定されていました。

この流れを止めたのが「王政復古」です。「王政復古」は政変なのです。

この「王政復古」の少し前、十二月八日夕方から翌朝にかけて摂政二条斉敬が主催した朝議で、①長州藩主毛利敬親・定広父子の官位復旧と入京の許可、②岩倉ら勅勘の堂上公卿の蟄居赦免と還俗、③九州にある三条実美ら五卿の赦免などが決められました。

一時期、朝廷から排された倒幕派が戻ってきたのです。

これによって長州藩の復権がなされました。

何よりも重要なのは、朝廷に岩倉具視が戻ってきたことです。

そして、西郷隆盛、大久保利通、岩倉具視によるクーデターが起こります。

慶応三年十二月九日（一八六八年一月三日）、朝議が終わり、公家衆が退出した後、待機していた五藩の兵が御所の九門を封鎖します。指揮をとるのは西郷隆盛です。御所への立ち入りは藩兵が厳しく制限し、摂政二条斉敬や朝彦親王ら親幕府的な朝廷首脳も参内を禁止されます。

その中、赦免されたばかりの岩倉具視らが参内して「王政復古の大号令」を発し、新体制の樹立を決定、新たに置かれる三職の人事を定めたのです。岩倉具視主導のクーデターです。

ここでの指導体制は、総裁有栖川宮熾仁親王、議定：島津忠義（薩摩藩）、徳川慶勝（尾張藩）、浅野茂勲（芸州藩）、松平慶永（春嶽、越前藩）、山内豊信（容堂、土佐藩）ら、参与：岩倉具視、大原重徳、万里小路博房、長谷信篤、橋本実梁、尾張藩士三人、越前藩士三人、芸州藩士三人、土佐藩士三人（後藤象二郎等）、薩摩藩士三人（西郷隆盛、大久保利通、岩下方平）等です。

一番重要な点は、有力藩の藩主が入っていますが、徳川慶喜が入っていないことです。

慶応三年十二月九日十八時頃から、御所内・小御所にて明治天皇臨席のもと、最初の三職会議が開かれます。

会議は冒頭、中山忠能より開会を宣し、述べて曰く、

「徳川内府政権を奉還し、将軍職を辞するを以て、其の請を充し給う。因て王政の基礎を肇設し、

萬世不抜の国是を建定し給はんとす。各皆聖旨を奉体し、以て公議を盡すべし」との勅旨を述べます。この会議が今後の在り様を決める重要会議であることを知らしめます。

直後、「一座粛然として、水を打ちたるが如く、暫くは一言も発する者がなかつた」という状況です。

ここで、**山内容堂が、先ず席を進め、発言を求めて「此の小会議に速やかに徳川内府を召して出席せしめ、朝議に参与せしむべし」と述べます。徳川慶喜の出席を求めたのです。ここから、徳川慶喜の出席を巡り激しい議論が起こります。**

会議は紛糾し結論が出ません。一時休憩となります。

ここから極めて深刻な事態が展開されます。

その模様を晩年後述したものが、一九三七年『浅野長勲自叙伝』として出版されます。

＊＊＊

此の日、西郷吉之助は、夜の会議には警戒諸軍の指揮の任に就いてゐて、議席には列しなかつたが、同藩の者から**会議の真情を聴き、更に驚く気色なく、『已むを得ざる時は之れあるのみ』と剣を示したそうである。**

此の西郷吉之助の言を聴いた具視退きて休憩室に入り、独り心語して曰く、「豊信猶ほ固く前議を執りて動かざれば、吾れ霹靂の手を以て、事を一呼吸の間に決せんのみ』と。乃ち、非蔵人に命じ、余を喚ばしめ、一室に誘つて申されるには、『薩土の間、議大いに衝突す。之れ因り、遂に維新の事業も水泡に帰せん」と、之を深く憂慮せられ、**余に後藤象次〔二〕郎を説諭せよと依頼された。**そこで、「余は卿が論を以て事理当然とするが故に、今、辻に命じ、試みに後藤を諷諭して、卿が論に従はしめんことを図つてゐる。後藤が若し之を肯んぜざるときは、余は飽くまで容堂と抗弁して已まないであらう」と云ふ意味を申した。―中略―**豊信は心折れ、敢て復た之を争はず、黙して語らず、**茲に於いて王政復古の国是を議定し、無事に会議を終了したのである」。

＊＊＊

これからの動きを下中弥三郎著『維新を語る』で見てみます。

「西郷は、この朝議には態と列せず、大久保に一切を譲り、自分は外にあつて、各所の警戒、諸軍の指揮、諸藩動静の注意等で奔走して居る。岩倉〔前後の関係からして、ここは岩下の間違いか〕は、右の情勢を見て大に憂慮し、外部警衛の任に当たつてゐる西郷を非蔵入口にわざわざ呼び出し、此のところ如何に処置すべきかについて西郷の意見を求める。

西郷は泰然として言ふ。

「今となつては口舌では埒が明かぬ。最後の手段を取つて頂きたい、と岩倉さんに言つて下され」

岩下は、直ちに入つて岩倉にこの事を告げる。岩倉は、これを聞いて静に首肯き、短刀を懐にして、芸州候浅野長勲の控席へ行き、己が決意を告ぐるのである。若し―、山内容堂侯が堅く執って動かぬならば、別室に召して喝刺《さしちが》へて死ぬる、亡き後のことは宜しく頼むと。浅野大に驚き、辻将曹を召んで急ぎ後藤〔象二郎〕を説かしめる。後藤も、聞いては黙つて打捨て置く訳には行かぬ。遂に容堂を宥めて帰邸せしめた。かくて、午後の会議の結果、遂に岩倉説が勝を制した」。

両者は若干異なります。ただ一方は西郷が、「得ざる時は之れあるのみ」と剣を示したとし、一方は「今となつては口舌では埒が明かぬ。最後の手段を取つて頂きたい。と岩倉さんに言って下され」との違いとなっています。

「維新」と言っても天皇は十五歳です。彼に指導力はありません。維新とは何か。親政とは何か。岩倉具視、西郷・大久保らが天皇の名において取り進めているのです。

すでに見た様に、十二月九日十八時頃から、御所内・小御所にて明治天皇臨席のもと、最初の三職会議が開かれ、冒頭から、徳川慶喜の出席の有無を巡り、激しい対立が起こりました。一方に、徳川慶喜の出席を主張する山内容堂、一方に排除を主張する岩倉具視がいます。

やり取りの中で、山内容堂は次を言及します（『維新を語る』）。

「徳川内府は、祖先継承の覇業を自ら棄てて政権を奉還し、以て国家の治安を永久に図らんとせるもの、その忠誠、誠に嘉すべきものがある。然るを今、かくの如き陰険なる処置に出でらるるは、反つてその心を激せしめ、国家の治安を害ふ所以かとも存ずる。**廟堂に事を行ふ人、幼冲の天子を擁して、権柄を擅《ほしいいまま》にせらるる如きは、実に天下の乱階でござらうぞ**」。

岩倉具視は激しく対応します。

「今日のこと、悉く宸断に出づるのである。幼冲の天子を擁して権柄を擅にするとは、聖上に対して不敬でござらうぞ。この席を何と心得をらるる。お控へなされ」。

形式的には岩倉具視の言葉に抵抗することはできませんが、実質、「幼冲の天子を擁して、権柄を擅にする」、これが倒幕運動の本質ではないでしょうか。
そして、「倒幕側」が孝明天皇を殺害しているとすれば、極めて深刻だとみられます。

坂本龍馬暗殺①、坂本龍馬の暗殺について、アーネスト・サトウは龍馬と緊密な関係にあった薩摩藩士吉井友実と土佐藩士後藤象二郎から聞いています。

坂本龍馬が中岡慎太郎と共に、京都河原町の醤油商近江屋の二階で殺害されました。土佐藩の藩邸は、道を挟んで、斜め前にあります。

この事件は慶応三年十一月十五日（一八六七年十二月十日）に起こりましたので、時系列でいくと、本来もう少し前になりますが、当時の政治状況を見たうえで考えたいと思い、「王政復古」の後に配置しました。

政治が目まぐるしく動く中で、坂本龍馬が暗殺されました。

アーネスト・サトウは『一外交官』の中で、「十四日に、薩摩の友人吉井がたずねて来た」として、彼が語った内容として**「土佐の才谷梅太郎（坂本龍馬の変名）は、数日前京都の宿で三名の姓氏不詳の徒に暗殺された」**と記述し、また、十六日後藤が「最近二人の部下（訳注：坂本龍馬と中岡慎太郎の二人か）が殺された」と述べています。吉井友実は龍馬暗殺直後の近江屋に急行した何人かの一人です。暗殺後現場に集まった一人ですが「三名の姓氏不詳の徒」と言っています。今日有力説とされる「実行者は、佐々木只三郎・渡辺吉太郎・高橋安次郎・桂早之助の四名。他に見張り役として今井信郎・土肥仲蔵・桜井大三郎」の説とは相当雰囲気が異なります。

薩摩藩士吉井友実は、アーネスト・サトウが坂本龍馬に関心を持っていることを知ってたことを示します。

吉井友実と坂本龍馬は極めて近い関係にあります。慶応二年一月二十三日（一八六六年三月九日）、薩長同盟直後、龍馬等が伏見の旅館・寺田屋にいた所を深夜二時、幕府伏見奉行の捕り方三十人ほどに囲まれます。龍馬はお龍の機転で救われ、負傷した龍馬を薩摩藩邸（京の）へ移動する際、吉井友実がその護衛を行っています。その後、坂本がお龍と新婚旅行した際、自邸を宿舎として提供し、龍馬は感謝の意として短刀を贈っています。龍馬は、吉井友実への手紙の中で、「この刀は旧赤穂ノ家臣神崎則休の遺刀で、来国光と鑒識されている」と書いています。従って、吉井友実と坂本龍馬は緊密な関係にあります。

従って、吉井友実はアーネスト・サトウに、龍馬暗殺について詳しく説明していると思います。

更に、後藤象二郎が龍馬の暗殺に言及しているのも興味あります。山内容堂が大政奉還建白書を提出しています。これには別紙として今後の政治体制の在り様が記載され、ここに後藤象二郎が署名しています。

偶然なのか必然なのか、アーネスト・サトウは坂本龍馬と深い関係にある後藤象二郎から、龍馬の暗殺について聞いているのです。

坂本龍馬の暗殺について、手っ取り早く理解するために、ウィキペディアの「坂本龍馬」の記述を見てみたいと思います。

「〔慶応三年〕11月15日、龍馬は宿にしていた河原町の蛸薬師で醬油商を営む近江屋新助宅母屋の二階にいた。当日は陸援隊の中岡慎太郎や土佐藩士の岡本健三郎、画家の淡海槐堂などの訪問を受けている。午後8時頃、龍馬と中岡が話していたところ、十津川郷士と名乗る男達数人が来訪し面会を求めて来た。従僕の藤吉が取り次いだところで、来訪者はそのまま二階に上がって藤吉を斬り、龍馬たちのいる部屋に押し入った。龍馬達は帯刀しておらず、龍馬はまず額を深く斬られ、その他数か所を斬られて、ほとんど即死に近い形で殺害された。享年33（満31歳没）。

当初は新選組の関与が強く疑われた。また、海援隊士たちは紀州藩による、いろは丸事件の報復を疑い、12月7日に陸奥陽之助らが紀州藩御用人・三浦休太郎を襲撃して、三浦の護衛に当たっていた新選組と斬り合いになっている。慶応四年（1868年）4月に下総国流山で出頭し捕縛された新選組局長・近藤勇は土佐藩士の強い主張によって斬首に処された。また、新選組に所属していた大石鍬次郎は龍馬殺害の疑いで捕縛され拷問の末に自らが龍馬を殺害したと自白するも、後に撤回している。

明治3年（1870年）、箱館戦争で降伏し捕虜になった元見廻組の今井信郎が、取り調べ最中に、与頭・佐々木只三郎とその部下6人（今井信郎・渡辺吉太郎・高橋安次郎・桂早之助・土肥伴蔵・桜井大三郎）が坂本龍馬を殺害したと供述し、これが現在では定説になっている。―中略―

その一方で、薩摩藩黒幕説やフリーメイソン陰謀説まで様々な異説が生まれ現在まで取り沙汰されている」。

これから幾つかの資料を見てみたいと思います。

宮内省編『修補殉難録稿』で「坂本直柔（龍馬）」の項では、「刺客の事に就きては、何人の使嗾にかかりしにや、また明確の證を得ず。或は幕府の残党佐々木只三郎、今井信郎、高橋安次郎等一派の所為なりといへり」と記載しています。ここでは、「幕府の残党佐々木只三郎、今井信郎、高橋安次郎等一派の所為なりといへり」としながら、「何人の使嗾にかかりしにや、また明確の證を得ず」としているのは含みが多いと思います。

坂本龍馬暗殺②、事件の鍵は、政局が激変していること、その中での龍馬の位置づけも一八〇度変化している事実の認識が出発点だと思います。

歴史学者・磯田道史氏は『週刊現代』二〇一〇年十一月六日号「龍馬暗殺143年目の真実」で「坂本龍馬の暗殺は、日本史上最大のミステリーとされています」と述べています。

国会図書館に行くと、坂本龍馬暗殺に関しては、菊地明著『龍馬暗殺完結篇』、大浦章郎（元中部読売新聞社専務）著『徹底推理・龍馬暗殺の真相』、木村幸比呂著『龍馬暗殺の謎』、新人物往来社編『龍馬の暗殺の謎を解く』と山のように本が出てきます。

これ等の意味するところは、龍馬が暗殺されて、一五〇年以上経過しているにも関わらず、どの説も十分な説得力と、証拠がないのです。かつ坂本龍馬を暗殺しそうな人、グループは極めて多いのです。

龍馬暗殺者については、「新選組説」、「紀州説」、「見廻組説」、「薩摩説」、「土佐説」、「攘夷派説」等様々な説があります。

この中で圧倒的に支持を得ているのは「見廻組説」で、下中芳岳（弥三郎）は著書『維新を語る』

（昭和九年）で、「刺客は近藤勇とその釁名を競うていた会津藩士佐々木唯三郎とその配下六人のものどもであった」と記しています。

日本史研究で強い支持を得ている半藤一利氏は『幕末史』で次の様に述べています。

「暗殺の下手人が見廻組であることは確かでしょうが、黒幕がいたはずです。**同志ともいうべき薩摩が黒幕でないかと思っています。というのは、邪魔なんです。**龍馬はいまや武力倒幕などとんでもない、大政奉還をして徳川家が一大名に下がったのであれば、これから日本は「船中八策」のように万機公論に決すべしで、それぞれの藩が有能な議員を出して皆で会議し、一致した意見で国家を運営していくべきである、と今日の政治形態のようなことを考えています。―中略―**権力を武力によって勝ち取ろうと意図している薩摩にとっては坂本龍馬は邪魔なんです**」。

幕末時代専門の歴史学者、井上勲氏は著書『王政復古』で、苦しい説明をしています。

「坂本も中岡も、すでに有名な土佐藩士であった。そして、**坂本が大政奉還運動の担い手であったことを、幕府首脳部が知らぬはずはない。**坂本と―中略―中岡と、この二人を襲撃することに生じる影響を推測しえぬはずはない。襲撃したならば、土佐藩に幕府への敵対心が生まれる。**幕府首脳部が公議政体の創設を望むならばそれほどに、この二人、とりわけ坂本龍馬を襲撃してはならなかった。けれども、佐々木唯三郎（只三郎、見廻組）はこの二人を襲撃した**」。

最近では二〇一七年、加来耕三氏が『坂本龍馬の正体』を書いています。ここでは「暗殺者は薩摩藩か」という問いかけを行って、記述しています。

＊＊＊

筆者〔加来氏〕はこの事件の背景として、まずなによりも、龍馬の暗殺が「大政奉還」の一ヵ月後に実行された点を、重視してきた。—中略—薩摩と長州の二藩に比べて、完全に出遅れていた土佐藩が、後藤の判断で龍馬と接触。その「船中八策」の建策に援けられて、これをもとに前藩主の山内容堂を説き、さらには将軍慶喜へ「大政奉還」を進言した経緯があった。—中略—

龍馬のアドバイスを得た土佐藩は、ここにいたって、一挙に維新の主導権を握ることになった。**武力による倒幕を唱える薩長両藩は焦燥し、薩摩藩は薩土盟約の破棄を一方的に宣言、**明らかに偽物と知れる—所定の手続きを踏まず、摂政・二条斉敬《なりゆき》も知らなかったという意味での—倒幕の密勅を苦しまぎれに下したものの、同じ十月十四に大政奉還を慶喜にやられ、事実上の敗北を喫した。

龍馬暗殺の真犯人は、この龍馬—後藤ラインの動きによって、煮え湯を呑まされた陣営の人々であってもおかしくはない。現に、肥後熊本藩の探索方などは、

「坂本を害し候も薩人なるべく候事」

と、それなりの確証を摑んでいたように述べた資料もある（『改訂　肥後藩國事史料』）。

また、海援隊士・佐々木多門の書簡には、次のようにあった。

「右のほか才谷（龍馬）殺害人姓名まであい分かり、これに付き薩藩の所置等、程々愉快の義これあり」。

なるほど、小松帯刀、西郷隆盛、大久保一蔵などが暗殺の黒幕と疑いをもたれても、決して不思議はなかった。彼ら薩摩藩は、龍馬の行動を疑問視していたであろう。かつては亀山社中に出資し、月給も出してやった。第一、薩長同盟の成立に立ち会ったのは龍馬本人である。にもかかわらず、倒幕

とは正反対の路線を呈示した龍馬の心中は、不可解としかいいようがなかったろう。土佐藩の発言力が増すことによって、当然、薩摩藩の勢いは減少していく。

こののち、土佐藩が幕府側に付けば、倒幕そのものが難しくなる。

「まだ巻き返せる」

その瀬戸際に、もし龍馬がこの世から消えてしまえば、彼らにとって得るものははかりしれなかったであろう。後藤や福岡なら、なんとでもなる。その思いは、その後の政局が雄弁に物語っていた。大政奉還によって、一度は主導権を握ったかに見えた土佐藩も、龍馬の没後、小御所会議において山内容堂が崩れ、龍馬という知恵袋を失った後藤象二郎も、次の手を打てず仕舞。結局は慶喜の勇み足もあって、鳥羽・伏見にはじまる戊辰戦争に突入してしまった。**武力倒幕勢力が、龍馬を狙う可能性はきわめて高かったといえる。**

＊＊＊

私はこの加来氏の論理は極めて明快だと思います。

参考までに、一連の流れを時系列的に並べてみます。

時系列的に並べると次のことが起こっています。

●山内容堂の建白書を後藤象二郎が幕府に提出（慶応三年十月三日）。

●後藤象二郎は会津藩の重臣外島機兵衛、上田伝二と会い、建白書の了解を得る。

●大政奉還（十月十四日）。

●坂本龍馬の暗殺（十一月十五日）。

●倒幕の兵、続々京都へ（十一月二十日頃より）：薩摩三千人、長州千二百名、芸州三百名。
●王政復古（十二月九日）。
そして加来氏は次のように書いています。

「だが、もし薩摩藩だとすると（あるいは長州藩であっても）、見廻組を実行犯に使うことに無理が生じる」。

延々と「薩摩藩など武力倒幕勢力が、龍馬を狙う可能性は極めて高かった」と書いて、しかし、この説は、見廻組が行ったとすれば、「見廻組を実行犯に使うことは出来ない」と書いています。

徳川慶喜・最後の将軍は『昔夢会筆記』の中で後藤象二郎について面白い言及をしています。


「後藤は薩長の間に疑われましたが、幸いに弥縫《びほう》によって免れた」


後藤象二郎は、坂本龍馬と共に、山内容堂を動かし、徳川幕府と協力する公武合体を推進しました。

当然、武力で幕府を倒そうとする薩摩藩ににらまれていたとみられます。

徳川慶喜が述べていることを分解してみましょう。
①後藤象二郎は薩摩藩に疑われた。そうだとすれば、当然坂本龍馬も疑われています。
②「幸いに弥縫によって免れた」ということは、「免れない」事態があることが想定されています。
これは暗殺をも含めています。

従って、薩摩藩による坂本龍馬暗殺の可能性はないわけではありません。


坂本龍馬暗殺③、見廻組が坂本龍馬を暗殺したという説は、本当に確固たるものでしょうか。

将軍・慶喜は大政奉還を行い、徳川家（慶喜）が発言力を持ち続けることを意図しました。坂本龍馬はこの時点では、慶喜の考えを支援する立場にいます。新選組や、見廻組は将軍慶喜の意志に反して行動したとなります。従って、新選組や、見廻組が坂本龍馬を殺したとなると、将軍慶喜の意志に反して行動したとなります。

他方、加来耕三氏が記述しているように、「武力勢力（注：薩摩藩、長州藩、更に土佐藩の強硬派）が、龍馬を狙う可能性はきわめて高かった」といえると思います。

こうしてみると、動機から見ると、武力倒幕勢力が龍馬を殺す可能性の方が高いです。

しかし、加来氏は「だが、もし薩摩藩だとすると（あるいは長州藩であっても）、見廻組を実行犯に使うことに無理が生じる」との結論を出されています。

では、見廻組が坂本龍馬を暗殺したというのは確固としているのでしょうか。

(1) 見廻組を裏付ける資料がどこまで強固な証拠といえるか

「坂本龍馬の暗殺は見廻り組だった」とする根拠もそう強くないのです。

見廻組とする人の主たる根拠は、見廻り組の今井信郎が兵部省に行った「兵部省口書」（明治三年二月）で、これは『坂本龍馬関係文書第一』に掲載されています。『坂本龍馬関係文書第二』はこの取り調べの背景を記述しています。

●新政府においては坂本、中岡の刺客の発見に焦心した、

●近藤勇を捕縛の際にも糾問を試みたが、要領を得なかった、

●新選組は箱館において降伏した。刺客はこの中にいるとして、横倉甚五郎、相馬主殿を調べたが、刺客でないことが判明した。

大石鍬次郎は「近藤勇とともに坂本・中岡を暗殺した」と自白したが、これを取り消し、「勇〔近藤〕咄ニハ坂本龍馬討取候ものは見廻組今井信郎高橋某等少人数」と申し出た。

●今井信郎も箱館降伏人の中にいて、刑部省の手に移し調べ、彼の自白調書には「見廻組の渡辺吉太郎らが二階に上り、「龍馬ハ討留メ」といって下りてきた等が記載されている。

●是にて万事が解決し、首領見廻組の佐々木忠三郎、下手人渡辺吉太郎、桂隼之助と記している。

ところが、菊地明著『龍馬暗殺完結篇』においては、新選組のものが「自分達がやった」と自白した件について、「坂本龍馬―中略―を暗殺の儀、私どもの所業にはこれなく、これは見廻組海野某、高橋某、今井信郎ほか一人にて暗殺いたし候よし、勇よりたしかに承知つかまつり候。せんだって薩藩加納伊豆太郎（道之助）に召し捕られ候節、私ども暗殺に及び候談、申し立て候えども、これはまったく、かの**薩の拷問を逃れ候ためにて、**実は前申し上げ候とおりに御坐候。」（坂本龍馬関係文書）と記述しています。

新選組の者が当初虚偽の自白をしたのは拷問のせいだと言っています。

従って当然、今井信郎に拷問があったと推定すべきです。新政府側が坂本龍馬を殺していたとなると、イメージが悪すぎます。

今井は「見張り」であって、「殺害」でないから、自白しても、罪は軽くなる可能性があります。**現に明治五年（一八七二年）に特赦により釈放されています。**

殺害に加わったとされる見廻組の連中は、鳥羽・伏見の戦いで、皆戦死しています。今井信郎の供述を裏付けるものは何もないのです。

（2）見廻組の元締め、会津藩主は土佐藩とのいざこざを望んでいません。

見廻組は元治元年（一八六四年）、江戸幕府によって、京都守護職で会津藩主の松平容保の配下として、蒔田廣孝と松平康正を京都見廻役に任命し、両人は配下に組を持ち、隊士を指揮しました。見廻組と新選組はいずれも、反幕府勢力の取り締まりに従事しましたが、**見廻組は主に御所や二条城周辺を管轄とし、**新選組は祇園や三条などの町人街・歓楽街を管轄としました。従って先ず、坂本龍馬が暗殺された**河原町の近江屋は新選組の管轄であり、見廻組の管轄ではありません。**こうした警備部隊はよほどのことがない限り、他の管轄に出かけることはありません。

今一つは、**上部組織である会津藩が坂本龍馬等をどの様に見ていたかです。**

坂本龍馬の助言を得て、後藤象二郎は、十月二日山内容堂の建白書を幕府に提出しています。同時に、**後藤は会津藩の重臣外島機兵衛、上田伝二と会い、建白書の了解を求めています。**

この事情を渋沢栄一著『徳川慶喜公伝』は次のように記しています。

「〔後藤は〕「貴藩とは平生懇親の因あれば、敢て腹心を吐露す。意見あらば承りたし」といへり。機兵衛等帰邸して松平肥後守（容保）に見《まみ》え、「土藩の建議を根底より説破すべき確論あらば可なり、さもなくして、徒《いたずら》に異議を唱へ、土藩の気勢を損ずることありては、第二の薩州を生ずまじきにあらず」と述べ、やがて藩議を開きたるが、議論区々にして一決せざりき」。

結局、徳川慶喜は建白書に従い、大政奉還を行っています。その中で、松平容保は大政奉還に反対する立場にはありません。

こうした中で、「土藩の気勢を損ずることありては、第二の薩州を生ずまじきにあらず」という懸念が皆に認識されている中で、見廻組が新選組の縄張りを侵してまで実施する可能性は低いのではないでしょうか。

(3) 当時の情勢では、幕府将軍徳川慶喜は大政奉還を行い、朝廷と協力体制をとることを目指しています。坂本龍馬はこの流れの中にいます。新選組や見廻組の緊急の敵は薩摩・長州藩です。彼等が龍馬を殺害したとすると、将軍の意志に反しての行動となります。

勝海舟著『鶏肋』に文久二年の情勢を記した後、次の記述があります。

「井伊大老安藤閣老遭難より邦内の士大夫大に激昂し切歯扼腕何れの侯伯を不論自ら脱藩浮浪となり或は其国の大夫を暗殺し脱走潜伏する者或は慷慨又撃剣者流且浮浪の輩時を得たりとし**京師並江戸に徘徊する者其大数四五千名に下らす幕士も又此の風を是とし攘夷暗殺を試みむとなす輩五六百名**」

もし、倒幕派が「坂本龍馬を暗殺すべし」と考えた時、それを実行してくれる人物は京都には山の様にいるのです。そして、西郷隆盛は、この時期、江戸においてこうした浪士を使い、江戸の警備に当たる庄内藩を挑発する行動をとっているのです。

第三に動機を考えて見たいと思います。

この時期、政局が目まぐるしく変化していることに着目すべきだと思います。

薩摩藩など、どんどん京都に藩兵を送っています。

九月十一日島津珍彦は千余人を従えて京都に乗り込みます。

龍馬暗殺の後ですが、十一月十三日藩主島津忠義は三千の兵を率いて海路京に向かい、二十日大坂着、二十三日入京します。

見廻組や新選組にとって、この大軍にどう対処するかが最重要課題になっています。

従って、見廻組が坂本龍馬を暗殺したとなると、①彼らは自分達の強敵が薩摩・長州藩になるのを理解していなかった、②政治の流れで土佐藩の動向が極めて重要で、徳川側は土佐藩を自分の方に引き付けておく必要があったが、その政治情勢は理解していなかった、③龍馬殺害は、慶喜にマイナスになる可能性を理解しなかったか、敢えて慶喜の考えに背く行動をとった等の状況にあったことになります。

大政奉還、王政復古、鳥羽・伏見の戦いの流れの中で、英国はどの様な動きをしていたか見てみます。

まず大きな動きを俯瞰してみたいと思います。

こうした中で、アーネスト・サトウは薩摩藩士に「戦う必要があれば、すぐにでも戦うべし」と助言しています。

慶応三年十月十四日（一八六六年十一月九日）、将軍徳川慶喜、大政奉還を行った後に御所の警護が、

国内動向		英国等の動き	
	1867年（慶応２～３年）		
1.30 （慶応２年12.25）	孝明天皇崩御	3.11 （慶応３年2.6）	仏大使、将軍に英国を警告
7.23 （慶応３年6.22）	後藤象二郎・坂本龍馬は小松帯刀・西郷隆盛・大久保利通と会い公武合体で合意	4.29 （3.25）	将軍、英国公使を引見
		8.26 （7.27）	将軍、パークスを引見
9.8 （8.11）	山内容堂、サトウを引見		
9.11 （8.14）	小松、西郷、大久保倒幕密議		
10.4 （9.7）	後藤、西郷・小松に公武合体説明		
10.29 （10.3）	山内容堂、大政奉還を建議		
11.3 （10.8）	薩長藩と岩倉具視、倒幕を画策		
11.8 （10.13）	岩倉、倒幕詔書大久保に		
11.9 （10.14）	将軍徳川慶喜、大政奉還 薩摩、芸州、土佐が皇居の守護	12.29 （12.4）	パークス、老中と会談
12.10 （11.15）	龍馬、殺害される	12.31 （12.6）	サトウ、長州・薩摩藩と会見
	1868年（慶応３年～４年）		
1.3 （12.9）	王政復古		
1.8 （12.14）	徳川慶喜、英仏公使と会見 サトウ、薩摩藩士に「戦うべし」		
1.14 （12.20）	サトウ薩摩藩へ。寺島宗則と会う		
1.15 （12.21）	慶喜、英公使と会見 陸奥（土佐）がサトウを訪問		
1.16 （12.22）	サトウ、薩摩藩へ		
1.23 （12.29）	石川利政、公使を訪問。江戸での薩摩藩の動向を伝える		
1.27 （慶応４年1.3）	鳥羽・伏見の戦い		

会津藩から薩摩、芸州、土佐藩に代わりました。

これは会津藩が「大君〔将軍〕に愛想をつかして辞表を出した」ことを契機に起こっていますが、アーネスト・サトウは「薩摩、芸州、土佐の三藩が会津に代わって皇居の守護に任じているという事実は、他の何ものにも増して重大だった」（『一外交官』）と記述しています。

「鳥羽・伏見の戦い」では倒幕側が「錦の御旗」を掲げて戦い、これが旧幕府側の士気低下、倒幕側の士気高揚となり、勝敗に大きく影響しました。「天皇をどちらが抱え込むか」が重要な分かれ目の中、この時期に分岐点が訪れました。

この時期の状況について、アーネスト・サトウは「大君〔将軍〕としては、絶対に戦争を欲せず、また断固たる行動に出ることを望まなかったのである。大君の唯一の目的は、平和のうちに時局を収拾するにあった」と判断しています。

更に「石川〔河内守、外国奉行〕が来て、─中略─石川の知らせによると、三日に薩摩は大君の廃止のみならず、天皇と大君の間に立つ関白、伝奏、議奏の三職廃止をも建議したという。新しい政府は総裁〔国務大臣と同じように思われる〕、議定〔石川が内閣の意味に解した〕、参与〔イギリスの次官に似た〕から成るものだった。これは、私たちが将来の行政府の組織として後藤に示唆したものに多少似ている」と書いています。そして「〔石川は〕言葉をついで、「それは机上で論議され得る案ではなく、戦争によって解決されるにちがいない」と言った。石川の見解によれば、大君自身はこの制度に反対しないが、大君の配下の者が主君のためを思って反対しているらしく、大君としては平和の保持のために進んでいかなる犠牲にも応ずる覚悟であるように思われるというのだ」と記しています（『一外交官』)。

こうして、アーネスト・サトウは戦争不可避と判断しています。

この時、アーネスト・サトウは、自分の考えを、幕府側とか倒幕側に伝えているでしょうか。

幕府と倒幕側の対立が深まる中、「外交団は、互に相争う両派の間に立って中立を守ろうと努めていた」状況です。

この中で、アーネスト・サトウは倒幕側についています。

この時期、アーネスト・サトウは薩摩藩との連絡は、木場伝内、黒田新右衛門が行っています。木場伝内は西郷隆盛の親友と位置付けられています。

黒田新右衛門との対話を次のように記しています。

「私は黒田新右衛門から、京都の勅令の正確な原文の写しを受取った。黒田は私に、大名側〈倒幕派〉は一致して、二百万石の土地と位階一等を返上せよという要求に対する慶喜の回答を待っていると告げた。また、ほかの西国大名や北国の諸大名も自分たちの側につくものと期待していると言った。**私は、戦争をせずにすむものなら戦争すべきではないが、戦う必要があると判断するなら、すぐにもそれをやるべきだと助言した。**黒田は、これに同意して肯いた」。

さらにアーネスト・サトウはこの時期、長州藩とも接触しています。『一外交官』には次の記述があります。

「遠藤〈長州藩士遠藤謹助〉は、戦争は必ず起こるという見通しを持っていた」。

鳥羽・伏見の戦い①、アーネスト・サトウが見聞きしたこと

慶応四年一月三日から六日（一八六八年一月二十七日―三十日）、京都南郊の鳥羽、竹田、伏見、橋本で幕府軍と薩摩・長州軍が対峙し、幕府軍が敗れます。幕府が消滅していく大きな節目です。

この時、アーネスト・サトウはパークス公使らと共に、兵庫の開港に備えて大坂にいました。

鳥羽・伏見の戦いが勃発した翌日、アーネスト・サトウはパークス公使に伴い、永井玄蕃頭（若年寄）を訪れています。この当時、将軍徳川慶喜は板倉伊賀守と永井尚志を強く信頼しています。幕府側の軍勢が一万。薩長側は六千人と、幕府側が数的優位を占めていますから、「何かもっとうまくやれたはず」というのが、永井玄蕃頭に対するパークスやアーネスト・サトウの見解です。

永井玄蕃頭は「上様は武力に訴えたくなかったのだが、その意志に反した方向へ引きずられて行ったのだ」と説明しています。

一月八日（二月一日）、パークスやアーネスト・サトウは天保山に出かけます。ここには難を逃れた各国公使館員がいたのです。ここに会津藩の傷病兵が運ばれ、英国医務官の手当てを受けます。

アーネスト・サトウはこの傷病兵に近づき、戦況などを聞き出します。

彼らはアーネスト・サトウに次の様に説明しています。

「もし適当な援護があったら敵を破ったであろうが、藤堂（津藩主藤堂高猷《たかゆき》）は最も大切な防禦地点山崎―中略―で寝返りをうつし、慶喜方の総指揮官竹中（陸軍奉行竹中丹後守）も淀で敵に投じた。それに、洋式訓練歩兵は何の役にも立たず、一人が逃げ出すと、他の者もみな羊群のように―中略―あ

とを追う始末であった。—中略—薩摩の軍勢はわずか千人ぐらいだったが、前哨戦がすこぶる巧妙で、それに後装銃を持っていた。慶喜はすでに逃亡し、どこへ行ったのかわからないが、おそらく江戸へ落ちて行ったものだろうと」（『一外交官』）。

更に一月十二日（二月五日）寺島と吉井がアーネスト・サトウを訪れ、戦いについて説明しています。

「薩摩兵は最初から連戦連勝であった」。

鳥羽・伏見の戦い②、消極的な慶喜将軍

鳥羽・伏見の戦いは決着を決める幕府軍対倒幕軍の最後の戦いですが、将軍慶喜は「負ける事必至」とみて戦いに反対。だが幕臣の脅しによって、戦いを承認しています。

徳川慶喜が回想した『昔夢会筆記』。ここで、鳥羽・伏見の戦いに行く前の状況を、慶喜が述べています。

先ず、徳川側が、薩摩藩に激高している様子が書かれています。

「予、既に大坂城に入り、物情の鎮静に力《つと》めしも、上下の激昂は日々に甚だしき折から、江戸にて市中警衛の任を負える庄内の兵と、薩藩の兵と争端を開きしかば、大坂城中上下の憤激は一層甚だしきに至れり」。

慶喜はずしで、王政復古を行いましたが、これは西郷隆盛や岩倉具視の強引な手口によるもので、

慶喜は静かにしていれば、朝廷において自分を求める声が強くなるとみています。

慶喜は次の様に書いています。

「後日江戸に帰りし時、在京の薩摩藩士吉井幸輔（友實）より、在府の同藩士益満休之助に送れる書状を見たるに、「慶喜は大坂にありて案外謹慎なり。この分にてはあるいは議定に任ぜられんも計られざれば、今しばらく鎮まりおるべし」との文意なりき」。

西郷隆盛としては、流れが有利な間に徳川幕府の息の根を止めたいと思っています。

この時点で戦いを起こせば、自分達に有利に展開すると判断しています。

そのため、徳川幕府が堪忍袋の緒を切らす様に、江戸で不穏な行動に出ます。

「これによりて見るに、**江戸の藩邸に集まれる浪人が、庄内兵の屯所に発砲するなど、ことさら幕威を凌犯するに力めしは全く薩藩の使嗾《しそう》に出でたるを知るべし**。されば江戸にてもこの上幕威を保つには、是非とも薩邸を討たざるを得ざる勢となりて、遂に干戈《かんか》を交うるに至りしがごとし」。

西郷は浪人を集め、江戸を混乱に落としいれ、警備に当たる庄内藩を挑発します。

この時期、長州征討から始まり、江戸幕府の要人は大坂城に来ています。

「さて大坂城中にては、上下暴発の勢ほとんど制し難く、―中略―老中以下大小目付に至るまで、ほとんど反狂乱の有様にて、もし予にして討薩を肯んせずば、いかなることを仕出さんも知るべからず、何さま堅く決心の臍を固めおる気色なりき。

板倉伊賀守来りて、―中略―所詮帯兵上京の事なくしては叶うまじき由を反復して説けり。**予、読みさしたる「孫子」を示して、「知彼知己百戦不殆」ということあり、試みに問わん、今幕府に西郷**

吉之助（隆永、後に隆盛と改名）に匹敵すべき人物ありやといえるに、伊賀守しばらく考えて「無し」と答う。「さらば大久保一蔵（利通）ほどの者ありや」と問うに、伊賀守また「無し」といえり。予、さらに吉井幸輔以下同藩の名ある者数人を挙げて、「この人々に拮抗し得る者ありや」と次々に尋ぬるに、伊賀守また有りということ能わざりき。因りて予は、「このごとき有様にては、戦うとも必勝期し難きのみならず、遂にはいたずらに朝敵の汚名を蒙るのみなれば、決して我より戦を挑むことなかれ」と制止したり。されども、**板倉・永井等はしきりに将士激動の状を説きて、「公もしあくまでその請を許し給わずば、畏《かしこ》けれども公を刺し奉りても脱走しかねまじき勢なり」という**」。

鳥羽・伏見の戦いは、慶喜から見れば、「必敗の戦い」です。しかし、激情にかられている幕臣を収めることはできません。慶喜は戦いの許可を与えます。

幕府が天下を制するか、勤皇派が天下を制するかの天下分け目の戦いは、最初は激戦。しかし、**淀の城主稲葉正邦が官軍側に寝返り、勝敗は一気に決します。**

鳥羽・伏見の戦い③、戦いの流れを下中弥三郎著『維新を語る』で簡単に見ておきます。

＊＊＊

●〔慶応四年一月〕三日の戦いは、先鋒の衝突が少々大きかつたといふ位で、勿論大部隊の合戦ではなかつた。が、しかし、大体において、官軍の方が余程旗色が善かった。

●四日には征討大将軍仁和寺宮の御出陣とあつて、東寺の本営には錦の御旗が朝風に翻へる。

●幕軍は、この日、非常な決心を以て、両街道より推し進む。昼過ぐる頃に至つて、激戦、既に数合、薩、長の兵、素より克く戦つたが、―中略―到底敵し難い大軍、殊には、会津の佐川官兵衛、石井五郎太夫等の率ゐる突撃隊の目覚しい働き振に、流石の薩長勢さへ、悩まされがち。

●西郷は、戦況容易ならずと知るや、大将軍宮殿下を擁して自ら先頭に立ち、手勢三四百ばかりを引具し、錦の御旗を高く掲げて押し進む。官軍、錦の御旗、大将軍宮の御出陣と聞いて一時に振ふ。

幕軍の先鋒は、この時、会津の鬼上官佐川官兵衛が傷を負うて聊か撓んで居るところへ、錦の旗影を打仰いで士気とみに沮喪する。勝敗の局面は一転する。乱れ立つた幕軍の中へ、必死となつて討込み、斬り入る薩長勢の奮闘に、横田伊豆の鉄砲組、会津の白井勢さへ踏み止まり兼ねて淀の小橋まで引上げる。

が、この時、幕軍に案外の思ひをさせたのは、淀の城主稲葉正邦が、西郷よりの使者の勧めに応じて、官軍に降り、山崎の橋本を固めて居た藤堂采女さへ、四条隆平卿が勅使に立たれたために、既に官軍に味方して居たことである。

●官軍は、勝に乗じて追撃し、残敵を討払ひつつ、六日には淀城に本陣を進め、先鋒は大阪（ママ）城に迫る。

＊＊＊

鳥羽・伏見の戦い④、英国のパークス公使は間接的な形でこの戦いの参加しています。

『維新を語る』は次のように記しています。

「一月五日、大坂城中にあつて、敗戦の報に気を落としている慶喜のところへ、英国公使パークスから一通の書状が届いた。パークスは当時、兵庫に滞留中だつたのである。

「政権を返上された以上、日本国の主権は、今や朝廷に存する。その主権者に対して、戦いを挑まるる如きは、吾等その意を得るに苦む所である。——中略——大坂城に在つて尚ほ戦争を続けらるる覚悟か否か。——中略——または一旦江戸に引上げて、善後策を講ぜらるる御覚悟なるか、何れにせよ、至急御返事が伺いたい」と。

慶喜が急に大坂引上げの決心をしたのは、この書面の関係も少なくなかつた。

城内の人々は、今、一戦して、伏見鳥羽の敗辱を雪がねば已まぬと意気込んで居た。にも拘はらず、慶喜は、六日の夜、窃かに仮装して会津、桑名の両侯を伴ひ、厳重な諸門の固めを抜け出でて、八軒屋より苫舟に打乗り、闇に紛れて、兵庫に下り、開陽丸に乗込んで、江戸表に還つてしまった」。

徳川慶喜の敵前逃亡は、これまでしばしば非難されてきました。

ただ、その時、パークスの書簡との関係が論ぜられることはあまりありません。

パークスは、「幕府軍」と「倒幕軍」の戦いの中で、明確に、「倒幕軍」側にいます。

この時、アーネスト・サトウはパークスと同じように兵庫にいます。そして幕府や倒幕側から情報を集めています。アーネスト・サトウは当然、英国が「倒幕軍」側につく決定を行うのに参画しています。

鳥羽・伏見の戦い⑤、何故数的に五分の一しかない「倒幕」側が幕府軍に勝ったのでしょうか。

数的に五分の一位しかない「倒幕側」が何故、幕府軍に勝てたのでしょうか。幾つか指摘されている点を見てみます。

(1)武器の優劣

●薩摩藩の二十門の大砲がたいへんな威力を発揮し、しかも幕府軍の東軍は旧式の先込め銃、薩長の西軍は元込め銃（南北戦争が終わって余った銃をアメリカから買い入れたといわれています）と、武器の近代化の違いがあります（半藤一利著『幕末史』）

〔佐々木克氏は「薩長軍に勝るとも劣らない優良装備の洋式部隊を多数保有していた」と記述しています（佐々木克著『戊辰戦争』）

(2)薩摩藩などの戦い方

●前哨戦がすこぶる巧妙で、それに後装銃を持っていた（アーネスト・サトウ『一外交官』）。

●馬関戦争などを経験した長州藩は、近代的な鉄砲戦になれていた（中略）。次々に薩長の砲が威力を発揮し、幕府勢の攻撃は迫力を失っていった（佐々木克著『戊辰戦争』）。

(3)正当性及び士気

「五日、長州でつくった錦の御旗が三本、淀川の北岸にすっくと立ちます。その瞬間に、薩賊を叩き潰すという戦の名目がいっぺんにひっくり返ったのです。つまり、幕府が朝廷に対して弓矢を引くかたちになったのです」（半藤一利著『幕末史』）。

(4)淀藩の裏切り（裏切らせた西郷の手腕）

●アーネスト・サトウ、下中芳岳（弥三郎）の説については前述。

●淀藩稲葉家といえば、徳川恩顧譜代の藩で、当主の稲葉正邦は当時幕府老中の要職に就いていた。だから後退しつつあった幕府勢にとって、その抵抗拠点として強く期待されていた藩であった。しかし思いもよらず、淀藩は幕府勢の入城を拒否した。しかも逆に薩長軍の一部ではあったが、彼らには城を開いたのである。―中略―淀藩にとっては、幕府側の敗戦必至とみたすばやい身のかわし方であったが、幕軍の受けたショックははかり知れない（佐々木克著『戊辰戦争』）。

（5）指揮官の能力

倒幕側の指揮官西郷隆盛は前線に出ています。かつ淀藩の寝返りなどにおいても手を打っています。

他方、幕府側の重要人物は将軍はじめ、戦場がすぐ近くなのに行かずに大坂城にいました。

鳥羽・伏見の戦⑥、戦いの後、アーネスト・サトウは倒幕側に助言を与えようとしています。

鳥羽・伏見の戦いに決着がつきそうな時期、アーネスト・サトウは倒幕側と接点を持とうとします。

「**私は長州の学生遠藤を京都方面へやって、諸大名に勧めて直ちに外国の諸代表に対し新政府の政策を宣言させようと思った。ミットフォードと私は、先の薩摩藩の友人たちに宣言書の下書きを与えていたし**、また私と土佐の間には、この問題について個人的な了解があったからだ」（『一外交官』）。

ここで出てくる遠藤謹助は一八六三年密かに英国に井上馨、山尾庸三、伊藤博文、井上勝の四人と共に留学した一人です。それだけではありません。一八六七年アーネスト・サトウが長崎に行き、ここで木戸孝允、伊藤博文と会っていますが、この時、伊藤はアーネスト・サトウに、「同藩の青年を紹介して、この若者を生徒という名目で江戸まで連れて行ってほしい」と言われた人物なのです。「鳥羽・伏見の戦い」という微妙な時期に、伊藤はアーネスト・サトウと長州藩の連絡役を担っているのです。

二月五日〔慶応四年一月十二日〕、寺島（宗則）と吉井（友実）がアーネスト・サトウを訪れています。

「〔グラバー会社所有の船が八百名の薩摩兵を輸送してきたという噂の処理に出かけて帰ってくると〕吉井〔友実〕と寺島〔宗則〕が話に来ていたところだった。私はこの二人に、すぐに京都へ人をやり、天皇の使者として外国代表のもとへ告示を持参させるように取り計らってもらいたいと告げた―中略―。

天皇の使者東久世〔通禧。王政復古後は外国事務総督〕が、―中略―岩下、寺島、伊藤を帯同して―中略―兵庫に到着したのは、二月七日〔一月十四日〕のことであった。

二月八日〔一月十五日〕―中略―東久世によって重大な通告が行なわれた。―中略―文書は漢文で書かれていたが、これを訳せば、

日本の天皇は各国の元首および臣民に次の通告をする。将軍徳川慶喜に対し、その請願によって政権返上の許可を与えた。今後われわれは、国家内外のあらゆる事柄について最高の権能を行使するであろう。したがって天皇の称号が、従来条約の締結の際に使用された大君の称号に取ってかわることになる―以下略―」。

この案文は、アーネスト・サトウが示唆したものであることは間違いないでしょう。

朝廷が外交関係で行った最初の一歩が、アーネスト・サトウの示唆によって行われたことは、アーネスト・サトウの影響力の大きさを物語ります。

鳥羽・伏見の戦い⑦、フランス公使は将軍・慶喜に戦うことを勧めます。慶喜はこれを断ります。

鳥羽・伏見の戦の後、フランス公使が慶喜に対してフランスは幕府を支援する用意があることを述べます。

その当時の幕府の空気は「倒幕軍と戦う」ですから、通常の幕府側の人物であれば、これを受け入れたでしょう。それはどれ位の期間になるかわかりませんが、内戦を意味します。

慶喜はこれを断っています。

慶喜の回顧です（『昔夢会筆記』）。

「戊辰（明治元年）の春、鳥羽・伏見の戦敗れて余が東帰するや、ほどもなく、仏国公使ロセス登城し―中略―、予に見《まみ》えて、**『このまま拱手して敵の制裁を受け給わんこと、いかにも残念なり。**かつは御祖先に対しても御申訳あるまじ。**我が仏国は奮って一臂《いっぴ》の力を仮しまいらすべければ、是非に恢復を図らせらるべし』**と、いと熱心に勧告したり。―中略―予は『好意は謝するに余りあれども、日本の国体は他国に異なり、たとえいかなる事情ありとも、天子に向かいて弓ひくことあるべからず。祖先に対しては申し訳なきに似たれども、予は死すとも天子には反抗せず』と断言せしに、ロセス大いに感服したるさまにて、また言うところなかりき。この時、予は老中等をも退席せしめ、一人にて応接し、—中略—〔通訳〕と二人だけなりしなり」。

慶喜は「予は死すとも天子には反抗せず」、つまり、戦う意思がないことを示しています。

この問題をもう少し、見てみたいと思います。

渋沢栄一は明治の経済人です。生家は豪農です。江戸に出て剣術を学び、倒幕に参加します。京都で、江戸遊学時代の知己のあった一橋家家臣・平岡円四郎の推挙により一橋慶喜に仕えます。

渋沢栄一は徳川慶喜研究の第一人者でしょう。彼は次の様に書いています。

「歳月を経るに従って、政権返上〔大政奉還〕の御決心が容易ならぬ事であったと思うと同時に、鳥羽・伏見の出兵は全く御本意ではなくて、当時の幕臣の大勢に擁せられて、やむをえざるに出た御挙動である事、しかして**その事を遂げんとすれば、日本は実に大乱に陥る、**また**たとい幕府の力で薩長その他の諸藩を圧迫しうるとしても、国家の実力を損ねる事は甚大である。**—中略—またた**ここに至っては**—中略—**愚といわれようが、怯と嘲られようが、恭順謹慎をもって一貫するより外はない、薩長から無理としかけた事ではあるが、天子を戴いておる以上は、その無理を通させるのが臣子の分であると、かく御覚悟をなされたのだという事を理解したのは実に明治二十年以降の事であった」(『昔夢会筆記』の渋沢栄一の自序)**。

徳川慶喜が鳥羽・伏見の戦いから始まって、全く戦いをしなかったことに、国家の混乱を避けるという配慮が、仮にそれが最大要因でないにしろ、あったことは事実でしょう。慶喜の評価を行う時、その視点も含めるべきだと思います。

第九章　江戸城無血開城

江戸城、無血開城についての西郷隆盛・勝安房会談。勝海舟の説明、西郷「いろいろむつかしい議論もありましょうが、私が一身にかけてお引受けします」、これで江戸惨禍から救われた。

慶応四年三月十五日（一八六八年四月七日）、東征軍の実質的指揮官西郷隆盛は江戸総攻撃を予定していました。三月十三日（四月五日）第一回勝・西郷会談、十四日第二回会談が行われ、西郷は進撃を一時停止しました。この流れの延長線上で、四月十一日（一八六八年五月三日）、官軍は江戸城を接収しました。江戸城無血開城は徳川幕府終焉の象徴的な出来事です。どの様な過程を経て、無血開城がもたらされたかを見てみたいと思います。

交渉の当事者、勝海舟の証言を見てみたいと思います。

『氷川清話』は元来、明治三十年、吉本襄が勝海舟から聞いた話をまとめたものであるが、若干不正確な所があるということで、『勝海舟全集』（講談社）は編纂をし直しています。その記述を見てみます。

＊＊＊

官軍が品川まで押し寄せて来て、今にも江戸城へ攻め入らうといふ際に、西郷はおれが出した僅か一本の手紙で、芝、田町の薩摩屋敷まで、のそのそ談判にやつてくるとは、なかなか今の人では出来ない事だ。

あの時の談判は、実に骨だったヨ。**官軍に西郷が居なければ、談《はなし》はとても纏まらなかつただろうヨ。**その時分の形勢といへば、品川からは西郷などが来る、板橋からは伊地知などが来る。また江戸の市中では、今にも官軍が乗込むといつて大騒ぎサ。しかし、おれはほかの官軍には頓着せず、ただ西郷一人を眼においた。

そこで、今談した通り、ごく短い手紙を一通やつて、双方何処にか出会ひたる上、談判致したいとの旨を申送り、また、その場所は、すなわち田町の薩摩の別邸がよからうと、此方から選定してやつた。すると官軍からも早速承知したと返事をよこして、いよいよ何日の何時に薩摩屋敷で談判を開くことになつた。

当日おれは、羽織袴で馬に騎《の》つて、従者を一人つれたばかりで、薩摩屋敷へ出掛けた。まづ一室へ案内せられて、しばらく待つて居ると、西郷は庭の方から、古洋服に薩摩風の引つ切り下駄をはいて、例の熊次郎といふ忠僕を従へ、平気な顔で出て来て、これは実に遅刻しまして失礼、と挨拶しながら座敷に通つた。その様子は、少しも一大事を前に控へたものとは思はれなかつた。

さて、いよいよ談判となると、西郷は、おれのいふ事を一々信用してくれ、その間一点の疑念も挟まなかつた。**「いろいろむつかしい議論もありませうが、私が一身にかけて御引受けします」西郷のこの一言で、江戸百万の生霊も、その生命と財産とを保つことが出来、また徳川氏もその滅亡を免れたのだ。**もしこれが他人であつたら、いや貴様のいふ事は、自家撞着だとか、言行不一致だとか、沢山の凶徒があの通り処々に屯集して居るのに、恭順の実はどこにあるかとか、いろいろ喧しく責め立てるに違ひない。万一さうなると、談判は忽ち破裂だ。しかし西郷はそんな野暮はいはない。その大局を達観して、しかも果断に富んで居たには、おれも感心した。

＊＊＊

無血開城にいく動きを整理してみたいと思います。

倒幕側の証言、渡辺清「江戸、攻撃中止の真相」英国公使パークスが東征軍先鋒参謀木梨精一郎と会談したことが無血開城に極めて重要。

上の時系列を見ても、様々の出来事がありますが、東征軍先鋒参謀木梨精一郎がパークスと会談したことが無血開城に極めて重要な意義を持っています。

年表慶応４年（西暦1868年）

慶応４年	
1.23 (1868年2.26)	勝海舟、大久保一翁を登用
2.12	徳川慶喜、江戸城を出て上野の東叡山寛永寺大慈院に移り、謹慎す。
14	東征大総督参謀に西郷隆盛
3.6	東征大総督府、江戸進撃を３月15日と決定。
9	山岡鉄太郎、西郷と会談。西郷、降伏条件を提示。 アーネスト・サトウ江戸へ、勝海舟訪問
13	西郷隆盛、江戸に到着。 勝・西郷会談（第1回）。 東征軍先鋒参謀木梨精一郎、パークスと会談
14	勝・西郷会談（第2回）。
15	江戸総攻撃の予定日
20	西郷が帰京。朝議。勝の出した案を協議。
4.4	西郷隆盛ら江戸城へ入城。
6	西郷が横浜でパークスに事情を説明。
11 (6.1)	江戸城明け渡し。慶喜、寛永寺から水戸へ出発。

〔慶応４年９月８日、明治と改元。一世一元の制を定める。〕

これから見る渡辺清・談『江戸攻撃中止の真相』は西郷隆盛が何故江戸攻撃を中止したかの根幹に触れる証言です。

この証言を信用するか、しないかで、江戸城攻撃中止の背景に対する認識が全く変わります。

私は、この証言は全面的に信用していいと思います。理由は三つあります。

第一に渡辺清はパークスとの会談に直接、立ち会った人物です。

第二に渡辺清は大村藩士として、東海道を通っての東征軍の中核にいる人物です。大村藩は隠れキリシタン弾圧で有名ですが、幕末、佐幕派と倒幕派の抗争が起こります。切腹二人、獄門・斬首二六人という佐幕派の大粛清が行われ（大村騒動）、その結果、大村藩は倒幕派の急先鋒になります。江戸城攻略を目指す東征軍の中核になります。

第三にこの証言の特殊性です。

明治二十一年、宮内庁より、島津、毛利、山内、徳川（水戸）の四家に対して「幕末、国事に奔走、尽力したる一切を詳細に調査すべし」との命が出されます。それを実施するため、明治二十二年年「史談会」が形成されます。ここで、幕末の歴史に関わった人に直接聞き取りをします。そこでの渡辺清の証言が「江戸、攻撃中止の真相」です。これは、『幕末動乱の記録：「史談会」速記録』という本に掲載されています。以下、箇条書きにして紹介します。

＊＊＊

●明治の初年の正月中旬過、桑名城を我が大村藩が先鋒として取りました。

●駿府に着したのは、正午過頃であったが日を忘れました。俄かに西郷が各藩の隊長を呼寄せまして、西郷いうには、

「〔幾つか述べた後〕勝麟太郎より手紙が参っておるから、これを見て呉れ」

というて開いて見せました。―中略―その大要は覚えておりますから申しましょう。

「〔一部省略〕若し徳川家に於て朝命を拒むというならば如何様ともその所作は有るべし。〔いろいろ述べた後、幕府側は朝廷に対して〕恭順の実を挙げておる。―中略―**天下の大勢は目に着いてあるだろう。然るに今日手を束ねて拝しておる者に兵を以て加えるというは如何。**―中略―兎も角も、征討の兵は箱根以西に留めて呉れなければならぬ。―中略―如何の乱暴者が沸騰するかも知

れず。――中略――官兵箱根を越したならば、到底吾々恭順の実をここに挙ぐることは出来ないに依って、是非箱根の西に兵を置いて貰いたい。」

その手紙を西郷が吾々隊長連に示しまして顔色火の如くになって申すに

「諸君はこの書を見て何とお考えあるや、実に首を引き抜いても足らぬはかの勝である。――中略――勝（安房）は申す迄もなく、慶喜の首を引き抜かねば置かれんじゃないか。沢んや箱根を前にして滞陣するのは最も不可である、諸君如何であるか」という話であった。各藩隊長は、

「如何にもその通り」と勇み立った。

●西郷からの命令に、「三月十三日に諸藩の兵は江戸に着するようにし、翌十四日に江戸城を攻撃する。そのつもりで十三日迄に必着せよ」という号令が参った。

そこで取敢えず兵を纏め十二日に藤沢駅に着いた。ところが木梨精一郎が大総督の命を承けたというてここに来た。――中略――木梨がいうには

「――中略――負傷者の手当に如何とも詮方ない。それで横浜に参り、英のパークスに逢うてかれの世話で横浜に病院を造りたい――中略――。英の管轄の病院があらばそれを流用して貰いたい――中略――という命を承けて参った。清左衛門（清の旧名）も同道して共に横浜に参って談判せいという内命で、直ぐ行かなければならぬ」ということである。

●木梨より、

「今度かようかようの次第で、江戸城攻撃につき病院が必要であるから、大総督より貴君〔パークス〕に依頼して病院を世話して呉れ〔内容取り纏め〕」と申しました。パークスが如何にも変な顔付

を致して、

「これは意外なことを承わる。吾々の聞くところに依ると徳川慶喜は恭順ということである。その恭順しているものに戦争を仕掛けるとは如何」という。木梨はいう、

「それは貴君の関するところではない。吾々はどこ迄も戦えという命を受けて来た。兎も角用意して呉れ」といったところが、

「そんなことは出来ませぬ。いずれの国でも恭順即ち降参というものに向って戦争せねばならぬということは無い筈」、

〔いろいろのやりとりの後〕「ここにおいて療治するだけはして呉れぬか」と言いました。パークスはひょいと立って内に入って戸を締めて出て来ない。どうも仕方がないから木梨と顔見合わして去って露店によって、

「これはどうもいけない。彼のいうところは道理であるから、**明日の江戸城打ち入りということは出来ぬ。**早く各国領事に大総督より命令せねばならぬ。清は急飛にて品川に行きこのことを西郷に告ぐべし」と、木梨と横浜で別かれて馬に騎り切って品川に着したのは今の午後二時頃であった。

直ぐ西郷のところに行きまして横浜の模様を「かくかく」といいたれば、西郷も成る程悪かったと、パークスの談話を聞て愕然としておりましたが、暫くしていわく、

「それはかえって幸いであった」というち、西郷の顔付はさまで憂いておらぬようである。話が後へ戻りまするが清が窃かに右のことを西郷に言うた時に、西郷いう、

「自分も困却しておる。かの勝安房が急に自分に逢いたいといい込んでおる。これは必ず明日の戦

争を止めて呉れというじゃろう。彼れ実に固まっておる様子である。そこで君の話を聞せると、全く我が手許に害がある。故にこのパークスの話は秘して置いて明日の打ち入りを止めなければならぬ。止めた方がよろしかろう」と言ううちに、

「最早既に勝が来ておるから君も一緒に行ったらどうかい」清いう、

「それではお供しよう」

と言いました。その時西郷と一緒に出たのは村田新八、中村半次郎、清はほんのつけ物のようにして、その席に出ました。―中略―

勝安房言うに、

「〔慶喜が恭順に服していることを述べた後〕聞くに明日江戸城攻撃ということであるが、兎に角それを見合わせを願うために参ったのである。」

〔両者の談判の模様を詳細に記述した後〕

〔勝海舟が述べるに〕「明日兵を運動して江戸城を攻撃するならば何等の変動を引き起して、慶喜の精神も水泡に属するのみならず、江戸は勿論天下の大騒乱となることは目前である。又西郷殿にはかねて申し上げたことがあるから大抵御諒察のことと思う。兎に角明日の戦争は止めて貰わなければならぬ」といいました。―中略―

●西郷は「然らばよろしい。先鋒隊の挙動は拙者が関するところであるから攻撃だけは止めよう―中略―」〔と述べた。その後引き渡しの交渉〕

●勝が引き取った後に、板垣退助は中山道の兵を率いていたが、その退助の方に俄かに人を廻して

やった。ところが退助が真先に西郷のところに参って言うに、

「何を以て明日の攻撃を止めたか。勝が罷出ることは窃かに聞いたが、彼れがいうたとて止めるというはどういうことであるか」と如何にも激烈の論を致しました。西郷のいうに、かようかようである。どうもこれに対しては仕方がない。

「先ず待て。ここに一つ吾れに欠点がある。それはこの席にある渡辺が横浜に参り、かようかようである。どうもこれに対しては仕方がない」そこで板垣も、

「なる程仕方がないそれなら異存を言うこともない。それでは明日の攻撃は止めましょう。実は明日はやらなければならんと思うて参った」というて板垣は帰りました。

●西郷の心持はこうであろうと想像します。西郷も慶喜は恭順であるから全くそう来ようということは、従前から会得しておるのである。然るに兵を鈍らしてはならず、又慶喜の恭順も立てねばならぬ、又天下の大体のことに大いに関係する。それ故に兵はどこまでも大いに鼓舞して江戸に着して見るところが想像通り恭順のことを勝が持って来た。そこで明日の戦を止むるということを言うは勝に対しては易き話である。唯官軍の紛紜を畏るることは容易でない―中略―。我が薩摩の兵及びその他長州始め諸藩の兵が勃起しておる。その機会に攻撃を止むのは容易でないから、種々苦心しておるところに横浜パークスの一言を清が報じたので、西郷の意中はかえって喜んでおるじゃろうと清は想像します。

＊＊＊

これまで、多くの歴史書は、西郷隆盛と勝海舟の談判で江戸城の無血開城が決まったとされています。「幕末史」の美談です。

しかし、「パークスの圧力で西郷は江戸城攻撃を止めた」とするものです。

「パークスの圧力で西郷は江戸城攻撃を止めた」が事実か別の記録を見てみます。出典は肥後藩國事史料です。

上に見た渡辺清・談「江戸、攻撃中止の真相」で、西郷隆盛の江戸攻撃中止にパークスが大きい影響を与えたことを見ました。極めて重要な証言です。

しかし、物事を判断するのに一人の証言に依存するのは危険です。

それで、今一つの証言を見てみたいと思います。出典は『改訂　肥後藩國事史料』です。

＊＊＊

「三月十三日東海道先鋒総督府参謀木梨精一郎は英国公使と横浜に会し徳川慶喜の処置につき談判す。

去る十三日木梨精一郎横浜に参り英之公使に面会いたし公使曰此節、慶喜粗暴に附而御追討は御尤の事なり然る所慶喜彌恭順相慎候上は死に入れ候道理は無之助命有之度江戸城明け渡し　朝廷御請取に相成候へは　朝廷之御趣旨は相立可申西洋各国におゐては**仮令暴悪之人と雖一度大権を取り候人体を死に入れ候例無之万国公法之道理如斯**既に仏之先ナポレオン其道を失ひ候へとも放逐迄に而死一等を赦し有之候と申候右之通之事に**而木梨茂尤之事に思大総督府に駈帰談判相済候而木梨は直に猶又横浜へ参り申候而同意之返答いたし居候**大総督府は全体英公使の言を待たす其前より助命の内議は起り居為申処幸公使之一言を以彌夫に決定に相成申候模様に相聞」。

＊＊＊

江戸城無血開城で、西郷―勝の会談と、パークス―木梨の会談でどちらが有効であったかというと、パークス―木梨会談である可能性があります。

板垣退助は東山道先鋒総督府の参謀として参加しています。彼は江戸城攻撃の中止を聞いて「何を以て明日の攻撃を止めたか。勝が罷出ることは窃かに聞いたが、彼れがいうたとて止めるというはどういうことであるか」と糾弾しています。これへの反論は容易でありません。しかし、パークスが反対であると深刻です。

石井孝教授（故人です）は著書『明治維新の舞台裏』で江戸城無血開城に英国公使パークスが果たした役割を高く評価しています。

石井孝教授は著書『明治維新の国際的環境』の記述を見てみたいと思います。

＊＊＊

●三月十三日、東海道先鋒総督参謀木梨精一郎は、西郷の旨を受けて横浜におもむき、パークスと会見した。木梨に同行した渡辺清（清左衛門）の談話によると、戦闘のさい多数が負傷者の出るのを予期し、その治療につき―中略―懇願するのが目的であるとされているが、実はもっと大きなところにあったであろう。成立早々の新政府は財政困難で、大戦争をするには兵器も充分でなく、ことに海軍に至っては「只按じられ候は海軍に有之候。此義は不大方心痛致候」と西郷自身が告白しているほどであった。

●徳川側が海軍力で横浜を確保しようとする場合、なかでも英国の支持を期待していたのであろう。されぱかかる環境にあって、西軍が江戸攻撃を成功させるには、英国側の大きな支持が必要とされたのであり、この支持についてパークスの意向を確かめるのが、木梨精一郎の使命であったろう。

ところがここに天皇政府の慶喜処分方針に対するパークスの反対意見が表明される時が来た。

●パークスが横浜へ深刻な影響をおよぼさずにはおかないような江戸における大戦乱の発生を阻止しようとする強硬決意を表明したのは当然であった。

●パークスの意向を伝えられると、西郷は、しばし愕然としたというが、パークスの発言を秘しておいて、〔江戸城攻撃を中止することを決意した。そして〕十四日の勝との会見に臨んだ。

＊＊＊

石井孝教授は別の著書『明治維新の舞台裏』でその後の模様を次の様に記述しています。

「西郷は勝の嘆願書をたずさえて江戸を出発、―中略―京都に急行した。二十日、西郷が京都に着くと、ただちに三職（総裁・議定・参与）会議が開かれ夜半におよんだが、勝が提出した嘆願書を大幅に採用した徳川処分案が決定された。このとき、参与としてこの会議につらなった**木戸孝允は、「世間多くは、眼中徳川氏のみあるならずんば、眼中只欧洲あるのみ」と書いている。**西郷・大久保らが慶喜死罪論―中略―を主張したのにたいして、木戸は寛大な処分を主張していた。眼中徳川氏しかないような慶喜処分論を主張していた西郷・大久保らが、ひとたびパークスの強硬態度に接すると、たちまちにしてその主張を急変させてしまう、その「欧州一辺倒」の態度を、まことに木戸らしい鋭利な皮肉で批判しているのである。

西郷が慶喜処分に強硬であったことは、他文書でも確認できます。例えば　西郷隆盛の大久保利通（一蔵）への慶応四年二月二日付書簡です。

「慶喜退隠の歎願、甚以不届千萬、是非切腹迄には参不申候ては不相済」（『大西郷全集』）。

佐々木克氏もパークスの役割を重視している人です。

「これまでの倒幕運動はパークス＝イギリス側の支持があったからこそ心強かったのであり、いまイギリスに背を向けられて、フランスとともに幕府支持に廻られては大変な事態である」（『戊辰戦争』）。

萩原延壽の名著『遠い崖―アーネスト・サトウ日記抄』で江戸開城時の「パークスの圧力」と「アーネスト・サトウの勝海舟の接点」を否定する不可思議さ。

萩原延壽の名著『遠い崖―アーネスト・サトウ日記抄』は歴史書の名著です。

ところが、何故か、江戸開城時の記述は大変な変調をきたしています。

影響力の大きい本なので、見ておきたいと思います。

先ず、「アーネスト・サトウの勝海舟の接点」については、「三月九日から三月十三日ないし十四日にかけて、西郷と勝のあいだで二度の会談がおこなわれ、江戸攻撃の延期が決定されていたのであるが、ともかくこの時期に勝とサトウの接触はなかったようである」「三月九日、情報探索のために江戸に来たサトウが、当然真っ先に訪ねるべき相手は勝であったが、サトウがそれをしなかった」「サトウは西郷が江戸に来ている〔四月三日〕ことを知らなかった」。

また、勝海舟が軍艦奉行から陸軍総裁に抜擢されたこともまだ知らない等の記述があります。

ではアーネスト・サトウの『一外交官』を見てみましょう。

「三月三十一日〔慶応四年三月八日〕に私は長官と一緒に横浜に帰着し、四月一日には江戸へ出て、同地の情勢を探ったのである。

私の入手した情報の主な出所は、従来徳川海軍の首領株であった勝安房守であった。私は人目を避けるため、ことさら暗くなってから勝を訪問することにしていた」。

「十二日〔慶応四年三月二十日〕に、三日泊りでまた江戸へ出かけて見ると、慶喜に申し渡される条件は受諾可能なものと思われたせいか、市中は前よりも平静になっていた。今や徳川軍の総師になった勝は、自分と大久保一翁の両名が官軍との談判に当たることになっていると私に語った。他方では西郷が、まだ駿府におられる官軍の大総督有栖川宮の代理として、談判に臨むことになったのである。

慶喜に対する要求は、一切の武器・軍需品と軍艦・汽船を全部官軍に引き渡し、また江戸城を明け渡した上、先頭に立って伏見の攻撃を誘導指揮した士官を死刑にせよというもので、これらの要求に従うならば、天皇は前将軍に寛大な処置を採られるであろうというのであった。そして、この「寛大な処置」という言葉の内容如何が、勝と西郷の談判の主題であったのである」。

こうしてみると、①アーネスト・サトウはこの時期に勝に会っている、②勝が「今や徳川軍の総師になった」ことは知っている、③交渉相手が江戸にいる西郷だということを知っている、④さらに勝・西郷会談の詳細を把握しているがその出所は勝とみられます。

萩原延壽氏『遠い崖―アーネスト・サトウ日記抄』は原則としてアーネスト・サトウの記述に信用をおいて書いた書です。この部分だけ、アーネスト・サトウの記述を信じないのは不可思議です。

明治元年十月十三日（一八六八年十一月二十六日）天皇は江戸城に入り、勝海舟等は江戸を去ります。この時、勝は馬「伏見」をアーネスト・サトウに贈っています。

勝が何頭馬を持っていたかは分かりませんが、極めて大事にしていた馬の可能性があります。勝が西郷隆盛に会いに行った時の記述を思い出して下さい。

「当日おれは、羽織袴で馬にのって、従者を一人つれたばかりで薩摩屋敷へ出かけた。」

この馬を提供したとなると大変なことです。アーネスト・サトウへの感謝の念が強かったのでないでしょうか。

更に、パークスと木梨との会談について、①パークスの発言が西郷と勝の会談の以前にではなく、その直後に―中略―西郷のもとに届いた可能性がありうることを指摘しておきたい、②〔この仮説に従えば〕「パークスの圧力」は存在しないことになり、―中略―③〔「パークスの圧力」には否定的である〕と記述しています。

この論は相当無理があるようです。

パークスと木梨精一郎との会談について、会談に同席した大村藩士の渡辺清が会談の模様を詳細に記述していますし、加えて、木梨精一郎が出張中の時に、「跡参謀」の任にあった肥後藩士・安場一平がこれを裏付ける証言をしています。

従って、「パークスの発言が西郷と勝の会談の以前にではなく、その直後に―中略―西郷のもとに届いた可能性がありうることを指摘しておきたい」という「仮説」は成り立ちません。「〔この仮説に従えば〕「パークスの圧力」は存在しなかったことにな」るとの論は、仮説自体が意味をなさないのですから、それを基礎とする論は意味がありません。

無血開城を行う前に、勝海舟は徳川慶喜に戦い続けることを提言しています。従って慶喜は勝海舟が常に正しい判断を提示していた訳でないと述べています。

無血開城は大変重要な出来事ですが、その前提には「幕府は倒幕軍と戦わない」との方針が必要です。この点に関しては、、勝海舟は、「戦う」提言を行っています。その意味で、慶喜は勝海舟を全面的に信頼している訳ではありません。

『昔夢会筆記』で慶喜の語っているのを見てみます。

「帰府の後、勝安房守予に勧めて、「公もしあくまで戦い給わんとならば、よろしくまず軍艦を清水港に集めて東下の敵兵を扼《やく》し、また一方には薩州の桜島を襲いて、敵の本拠を衝くの策に出ずべし」といいたれども、予は「既に一意恭順に決したり」とて耳をも傾けざるより、勝も「しからばそれなりに尽力仕るべし」とて、遂に西郷吉之助と会見して、江戸討入りを止むるに至りしなり。**勝のこの時の態度は、世に伝うる所とはいささか異なるものあり。すべて勝の談話とて世に伝うる者には、多少の誇張あるを免れず**」。

アーネスト・サトウの離日、「私は両眼に涙のにじみ出るのを感じた。」

アーネスト・サトウは一八六九年二月二十四日（明治二年一月十四日）帰国の途に就きます。

アーネスト・サトウはどの様な、役割を担ったのでしょうか。

アーネスト・サトウは英国公使館（現在の大使館）で通訳として働きました。英国公使館には「公使」がいます。一時期、オールコックがそうですし、パークスがその後任です。

幕末、「通訳」は社会的にそう高い地位ではありませんでした。

しかし、アーネスト・サトウは異例の外交官でした。著書『英国策論』は倒幕への力になりましたし、江戸城無血開城では、勝海舟と密接な連絡をとり、パークス公使の介入で西郷の江戸城攻撃をくい止めました。

そうした中で、日本社会はアーネスト・サトウを英国公使以上に評価していたと思います。

それは、アーネスト・サトウが帰国する頃の、日本社会の処遇に明確に出ています。

アーネスト・サトウと同じ時期、英国公使館で働いたミットフォードは著書『英国外交官の見た幕末維新』に次の評価を掲げています。

「パークス公使の側近にはサトウ氏という非凡な才能を持った男が控えていた。彼は昔のオランダ流外交術の蜘蛛の巣を払いのけて、日本の歴史風俗および伝統を詳細に研究し、将軍の地位を理解して、それを正当に評価し、そのうえで、天皇こそ日本の元首であると世間に示したのである。そればかりではない。彼は日本語に精通していたうえ、機知に恵まれ、飾り気のない正直な性格であったので、日本を指導する立場にあった人々と友好関係を結ぶことができたのである」。

それを『一外交官』に従って箇条書きにまとめて見てみます。

●岩倉〔具視〕は、これまでたびたび自分のために通訳の労をとってくれた御礼のしるしと言って、美しい蒔絵の用箪笥を贈ってくれた。

●〔一八六九年〕一月二十八日（明治元年十二月十六日）に江戸へ帰ってみると、鮫島誠蔵〔薩摩藩士、一八六五年イギリスに留学〕から手紙がきており、それと一緒に、薩摩の藩侯、大久保、吉井、それに鮫島自身から、それぞれの贈り物がとどいていた。鮫島の手紙には、「薩摩の藩侯は——中略——貴殿の好意と努力に対して、謝意を伝えるよう申されました——略——」という意味のことが書いてあった。藩侯からの贈り物は、孔雀の形をした銀の舟（いわゆる宝船）と蒔絵の置台で、これに白絹二巻きが添えてあった。

●二月十四日（明治二年一月四日）にシーボルトと私は、一緒に勝の宅を訪問した（中略）。別れにのぞんで、自分の脇差（小刀）を私に贈ってくれた。

●東久世〔東久世通禧は、尊王攘夷派の少壮公家の一人で一八六三年〔文久三年〕八月十八日の政変後に「七卿落ち」〕。明治維新後、外国事務総督〕が私の出発のために送別の晩餐会を開いてくれるホテルへ駆けつけた。客は、ミットフォードと、シーボルトと、私のほかに、備前侯〔議定心得、刑法官副知事池田章政、幕末の動乱期の中では尊王攘夷派として行動〕、公卿の大原侍従、木戸、町田、森〔有礼〕、——中略——神田孝平、宇和島の都築荘蔵〔伊達宗城・宇和島藩主に、幕末、明治初期に仕える」であった。

●東久世は私に、出発を惜しむ挨拶状をよこし、それに添えて大きな蒔絵の用箪笥をとどけてくれた。

●二月二十四日（明治二年一月十四日）に——中略——オッタワ号で横浜を出発した。——中略——パークス〔公使〕夫人も、この船でイギリスへ向かった。居留のイギリス人は、パークス夫人に敬意を表して、楽隊を差し向けた。楽隊、船の錨が揚げられるとき、「ホーム、スィートホーム」を演奏した。

私は両眼に涙のにじみ出るのを感じた。それは、大好きな音楽を聞くときに常にわきおこる感情のためだったか、あるいは**六年半もきわめて幸福にすごした国を立ち去るときの愛情の気持からであったか、何とも言いようのないものだった。**

■参考文献

『一外交官が見た明治維新』（アーネスト・サトウ、坂田精一訳、岩波書店）
『アーネスト・サトウ公使日記』（アーネスト・サトウ、長岡祥三・福永郁雄訳、新人物往来社）
『会話篇Ⅰ、Ⅱ』（アーネスト・サトウ、財団法人東洋文庫）
『英国策論』（アーネスト・サトウ、国立国会図書館蔵）
『遠い崖　アーネスト・サトウ日記抄』（萩原延壽、朝日新聞社）
『聖地日光へ　アーネスト・サトウの旅』（飯野達央、随想舎）
『大君の都』（オールコック、山口光朔訳、岩波書店）
『ヒュースケン日本日記』（青木枝朗、岩波書店）
『ハーバート・ノーマン全集』（大窪愿ニ編訳、岩波書店）
『トマス・グラバーの生涯―大英帝国の周縁にて』（マイケル・ガーデナ、村里好俊・杉浦裕子訳、岩波書店）
「幕末期における英仏の対日外交とトマス・グラバー」（杉浦裕子『鳴門教育大学研究紀要』第27巻）
「ヒュースケンという人物」（庭野吉弘、『東日本英学史研究』第10号、日本英学史学会東日本支部）
『墓畔の梅』（永井荷風、『勲章』所収、扶桑書房）
『外交官の見た幕末維新』（A・B・ミットフォード、長岡祥三訳、新人物往来社）
『敗北の外交官ロッシュ』（矢田部厚彦、白水社）
「尾瀬紀行」（武田久吉、『山岳』第1号、日本山岳会）
『勝海舟全集』（講談社）
『大西郷全集』（大西郷全集刊行会、平凡社）
『木戸孝允文書』（日本史籍協会、東京大学出版会）
『伊藤博文伝』（春畝公追頌会、原書房）
『世外井上公傳』（井上馨侯傳記編纂会編、原書房）
『島津久光公実紀』（島津公爵家編輯所）
『元帥公爵大山巖』（大山元帥伝刊行会、マツノ書店）
『寺島宗則自叙伝』（日本外交史人物叢書、ゆまに書房）
『淺野長勳自敍傳』（手島益雄編、平野書房）
『西郷隆盛』（海音寺潮五郎、朝日新聞社）
『木戸孝允』（大江志乃夫、中央公論社）
『大久保利通』（吉川南湖、一書堂書店）
『昔夢会筆記』（渋沢栄一編、平凡社）
『徳川慶喜公伝』（渋沢栄一、平凡社）

『坂本龍馬関係文書』（日本史籍協会編、東京大学出版会）
『坂本龍馬』（松浦玲、岩波書店）
『修補殉難録稿』（宮内省編、吉川弘文館）
「龍馬暗殺143年目の真実」（磯田道史、『週刊現代』2010年11月6日号）
『龍馬暗殺完結篇』（菊地明、新人物往来社）
『坂本龍馬の正体』（加来耕三、講談社）
『五代友厚』（織田作之助、河出書房新社）
『維新風雲録』（末松兼澄編、哲学書院）
『薩藩海軍史』（公爵島津家編纂所、原書房）
『防長史談會雑誌』（防長史談會）
『防長回天史』（末松謙澄）
『肥後藩国事史料』（細川家編纂所編）
『桜田門外の変』（久米忠臣編、杵築市史談会）
「桜田門外の変」（山名美和子、『歴史読本』、2001年8月号、KADOKAWA）
『坂下門外の変』（斎藤伊知郎、纂修堂出版）
『長州戦争』（野口武彦、中央公論新社）
『戊辰戦争』（佐々木克、中央公論社）
『維新を語る』（下中弥三郎、平凡社）
『今は昔の記他―林董回顧録』（平凡社）
『王政復古』（井上勲、中央公論社）
『阿片戦争』（陳舜臣全集、陳舜臣、講談社）
『明治維新の国際的環境』（石井孝、吉川弘文館）
『明治維新の舞台裏』（石井孝、岩波書店）
『学説批判　明治維新論』（石井孝、吉川弘文館）
『幕末　悲運の人々』（石井孝、有隣堂）
『幕末史』（半藤一利、新潮社）
『明治維新とイギリス商人』（杉山伸也、岩波書店）
『密航留学生たちの明治維新　井上馨と幕末藩士』（犬塚孝明、日本放送出版会）
「江戸、攻撃中止の真相」（渡辺清、『幕末動乱の記録』、八木昇編、桃源社）
『世界史における日本』（ジョージ・B・サンソム、大窪愿二訳、岩波書店）
「17―19世紀日本の公衆衛生の先進性」（スーザン・B・ハンレー、『知られざる日本第2集』、国際経済交流財団）
『オリバー・ストーン　オン　プーチン』（オリバー・ストーン、土方奈美訳、文藝春秋）
『永遠平和の為に』（カント、高坂正顕訳、岩波書店）
『戦後史の正体』（孫崎享、創元社）

おわりに

アーネスト・サトウを通して幕末史を見てきました。

私達が思っている以上に、幕末史においては英国の影響が大きいというのが印象です。

例えば、西郷等が江戸城を攻める予定でいたのに対して、英公使パークスがこれを咎め、西郷がこの咎めに配慮し、結局江戸城攻撃を止めました。

これについて佐々木克氏が「これまでの倒幕運動はパークス＝イギリス側の支持があったからこそ心強かったのであり、いまイギリスに背を向けられて、フランスとともに幕府支持に廻るられては大変な事態である。」という評価をしました。「無血開城」の動向にまで英国の意向が影響しています。

幕末は、本当に多くの人々が、暗殺等で亡くなった時代でした。

宮内省蔵『殉難録稿』は亡くなった勤王志士の数を二千四百八十余人としています。

「尊王攘夷」が理念です。

しかし、薩英戦争で薩摩藩が市中を破壊され、長州藩が四国連合艦隊に砲台を破壊され、薩摩長州とも、「攘夷」を捨てました。

では「尊王」の方はどうでしょうか。アーネスト・サトウは孝明天皇は毒殺されたと聞いたことを記述しています。論争が続いていますが、毒殺された可能性は十分あります。

仮に毒殺がなかったとして、明治天皇の即位は満十四歳です。彼の考えを尊重する体制ではありません。この点は、王政復古で体制固めを行う会議で山内容堂が「廟堂に事を行ふ人、幼冲の天子を擁して、権柄をほしいままにせらるる如きは、実に天下の乱階でござらうぞ」と述べたのは正鵠を得ているのでないかと思います。

「玉を取る」「錦の御旗を掲げる」それを得た人々が正当性を持ち、「玉を取った人々」「錦の御旗を掲げる人々」の政策が問われない形となりました。

かつて、吉田松陰は「安政の大獄」時、門弟に対して、「皆僕と所見違ふなり。其の分れる所は、僕は忠義をする積り、諸友は功業をなす積り」と述べました。『殉難録稿』に記載された二千四百八十余人の中には「忠義をする積り」の人が多くいたでしょうし、伊藤博文、山県有朋、西郷隆盛、大久保利通、岩倉具視らは、「功業をなす積り」の方に入るかもしれません。

私は歴史の最も重要な役割は、人々が事実を覚えるのではなくて、歴史を通じ物を考える訓練をつけることだと思います。この書を書くにあたっても、読者に出来るだけ考える契機を与えることに努めました。

最後にこの本では多くの引用があります。出来るだけコンパクトに引用を紹介したいので、全てをそのまま写さず、饒舌と見られた形容詞や、句や、文章を省略した所が多くありますので、この点ご了承いただければ幸いです。

孫崎　享（まごさき・うける）
一九四三年、旧満州国鞍山生まれ。一九六六年東京大学法学部中退。外務省入省。英国、ソ連、米国（ハーバード大学国際問題研究所研究員）、イラク、カナダでの勤務を経て、駐ウズベキスタン大使、国際情報局長、駐イラン大使を歴任。二〇〇二〜二〇〇九年まで防衛大学校教授。
［著書］
『戦後史の正体』（創元社）、『日米同盟の正体』（講談社現代新書）、『日本の国境問題』『これから世界はどうなるか』（以上、ちくま新書）、『日本の「情報と外交」』（PHP新書）、『小説外務省──尖閣問題の正体』（現代書館）、『小説外務省Ⅱ──陰謀渦巻く中東』（現代書館）、『日米開戦の正体』（祥伝社）。共著に『独立の思考』（共著者・カレル・ヴァン・ウォルフレン、角川学芸出版）、『いま語らねばならない戦前史の真相』（共著者・鈴木邦男、現代書館）等多数。

アーネスト・サトウと倒幕《とうばく》の時代《じだい》
二〇一八年十二月十五日　第一版第一刷発行

著　者　孫崎　享
発行者　菊地泰博
発行所　株式会社 現代書館
東京都千代田区飯田橋三─二─五
郵便番号　102-0072
電　話　03（3221）1321
ＦＡＸ　03（3262）5906
振　替　00120-3-83725
組　版　デザイン・編集室エディット
印刷所　平河工業社（本文）
東光印刷所（カバー）
製本所　鶴亀製本
装　幀　大森裕二

校正協力／坂本俊夫・高梨恵一

ISBN978-4-7684-5844-0
定価はカバーに表示してあります。乱丁・落丁本はおとりかえいたします。
http://www.gendaishokan.co.jp/

活字で利用できない方のための
テキストデータ請求券
『アーネスト・サトウと倒幕の時代』